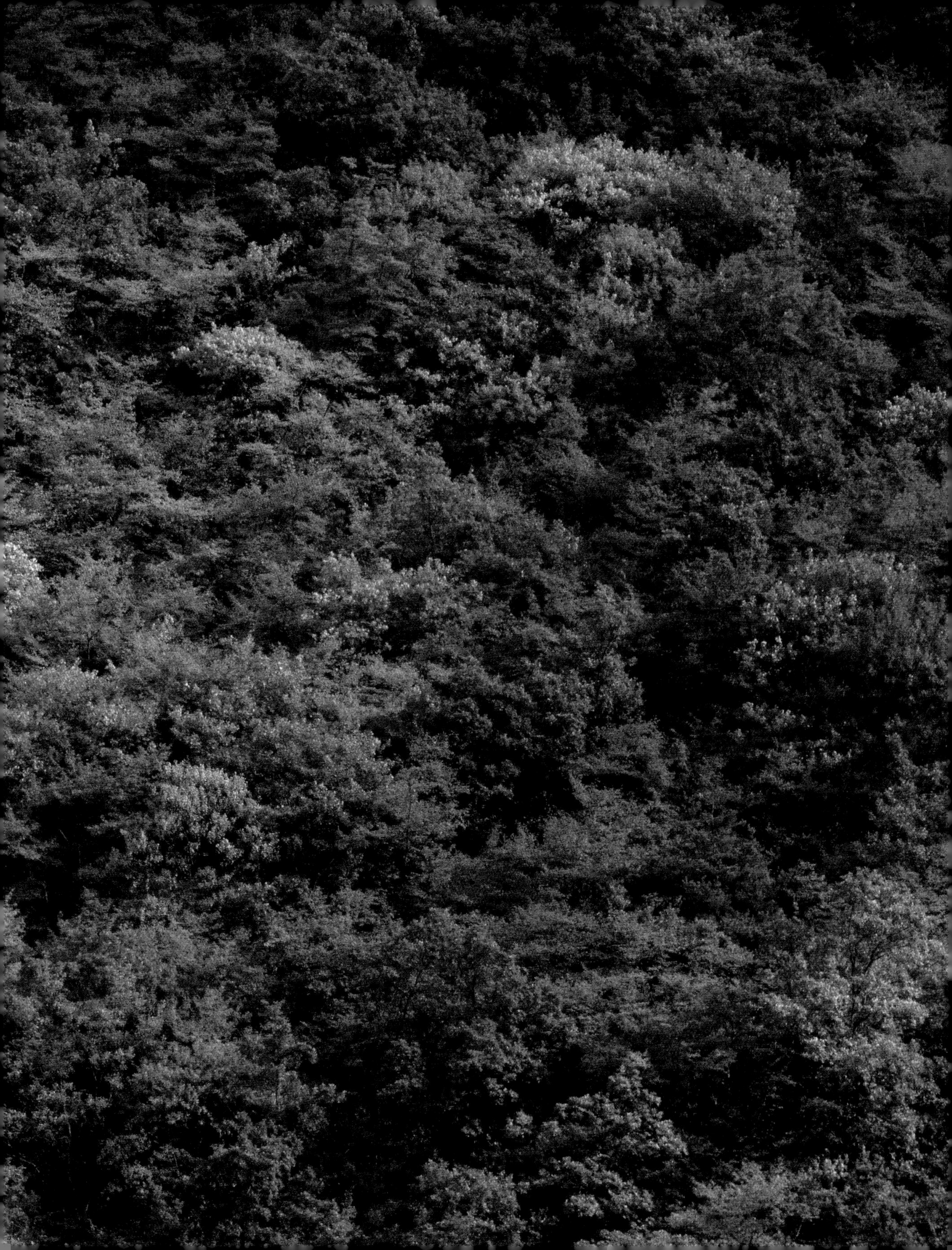

MAURO COLAGRECO

MIRAZUR

FOTOGRAFÍAS
EDUARDO TORRES

Catapulta

La Costa Azul es un lugar mítico e icónico del Mediterráneo para cualquiera que la haya visitado, o que al menos haya sentido hablar de ese ángulo entre Francia e Italia. Una costa fronteriza, como la historia nos enseña, y muchas veces disputada. Como todos los lugares con condiciones geográficas e históricas similares, la identidad de la Costa Azul se funda propiamente en el ser de frontera, expresando en rasgos fuertes, únicos y distintivos que exceden los que provienen de influencia francesa, italiana y del Mediterráneo entero, así como de su mezcla. Simplemente son los de la Costa Azul.

No es fácil ser intérprete de un territorio tan complejo, que respira el aire de los Alpes tanto como el del mar, ese perfume salado de las olas que besan una ribera brillante y resplandeciente.

Mauro Colagreco es uno de sus grandes intérpretes porque está enamorado del territorio. Ha aceptado el desafío de abrir un restaurante en el confín entre Italia y Francia, haciendo confluir sus raíces de cultura italiana con su formación francesa en una de las más grandes maisons francesas. Porque Menton no está más allá de la frontera, sino justamente en esa línea de tierra fértil donde nuestros países se aprietan la mano.

Amo la cocina de Mauro porque sabe ser contemporánea y mediterránea, en una fuerte interpretación del lugar del cual toma vida, que es el centro de su relato.

Un relato que nace en la huerta y sus productos vegetales inteligentemente conjugados con el mejor pescado del Mediterráneo, que se halla pocos metros abajo del restaurante, como así también con la caza y la carne de los Alpes que lo circundan en las alturas.

Mirazur es el lugar donde se vuelve tangible e indivisible el proyecto de investigación gastronómica de Mauro, así como la historia y la narrativa de un cocinero atento como Mauro, que supera esta línea de frontera imaginaria con sensibilidad, conciencia y curiosidad, con los ojos y la mente abiertos al territorio en toda su múltiple y maravillosa complejidad.

Mauro es un cocinero generoso. En 2015 fue entre los primeros en responder mi llamada para venir hasta Milán al Refettorio Ambrosiano. Se arremangó y cocinó el almuerzo para los niños de las escuelas y para los necesitados, ¡pero no una sopa veloz cualquiera! Cortó, rellenó y cerró a mano centenares y centenares de ravioles, pequeños gestos de amor para cada uno de nuestros huéspedes, y luego, dos años después, no vaciló ni un segundo en ponerse el delantal y venir nuevamente a nuestro encuentro en las cocinas del Refettorio Félix, el comedor comunitario en Londres.

Estoy seguro de que este libro se convertirá en otro clásico imperdible, que junto con el de La Riviera de Ducasse, publicado ya hace 25 años, a todo el mundo logrará enamorar y no únicamente de Mirazur, sino de este ángulo del Mediterráneo, del cual poquísimos han sabido ser tan de protagonistas.

Massimo Bottura

A Julia y a mis hijos Lucca y Valentín

“¿Fronteras? Nunca he visto una.
Pero he oído que existen en
las mentes de algunas personas”.

THOR HEYERDAHL

La Costa Azul es un territorio móvil, de mapas superpuestos y fronteras desdibujadas. Un lugar que mezcla idiomas, identidades, saberes y sabores. Nada está quieto, y esa característica se remonta lejos en la historia.

La región fue parte del Ducado de Saboya. Si fuera posible hacer una arqueología de las voces del lugar, el eco del pasado nos hablaría en muchas lenguas, nos contaría misteriosas historias, nos dispararía las más increíbles imaginaciones. Diversidad y riqueza emanan de estas fronteras, impregnan sus suelos, sobrevuelan la tierra. La atmósfera del lugar es, sin duda, la multiplicidad de horizontes que de una manera perfecta sintetiza el magnífico mar que baña sus costas, metáfora tangible de todos los viajes, de todos los destinos.

Muchos describen el entorno desde un cuerpo transformado por la sorpresa de los sentidos frente a las maravillas de la naturaleza y su singular disposición: el color siempre cambiante del mar, las imponentes montañas y valles, la atractiva alternancia de sitios salvajes y refinadas construcciones, áridos peñascos y tierras fértiles, pintorescos poblados e inhóspitos parajes.

En la Costa Azul, Mirazur es un enclave a los pies de los Alpes Marítimos, en Menton: el último poblado francés hacia el este y el primero al oeste de "la pasta italiana". Ubicación de privilegio, es al mismo tiempo un punto de llegada y un punto de partida, un vórtice que concentra y despliega la magia del lugar. Un centro que late con el mismo pulso que el paisaje.

Nacida a partir de distintas tradiciones culinarias, la cocina de Mirazur sabe de la alquimia entre el *savoir vivre* francés y la *bella vita* italiana. El territorio es el eje que modula la elección de los productos que serán utilizados en recetas y preparaciones. Combinaciones inéditas surgen de la interacción entre la fuerza ondulante del mar, la sabiduría de la montaña, la explosión de colores y aromas de los jardines y la perfecta quietud del horizonte.

¿Cocina francesa, italiana, latinoamericana?, ¿cocina *du terroir*?, ¿mediterránea?, ¿del mundo? El plato es el espacio donde se borran las fronteras, se olvidan las divisiones, se instaura el equilibrio: siempre conjuga, nunca expulsa. Es esa indefinición enriquecedora la que mezcla y hace estallar las fronteras geográficas y culturales, la que amplía los límites de las categorías al intentar definir su cocina. En ese juego creativo está la libertad.

Con esa libertad se inicia el viaje de los sentidos, el viaje de la memoria que se irá desplegando al ritmo de los pasos del menú. Un diálogo inagotable que se escribe con colores, sabores, aromas, sensaciones e historias propias y del lugar. Una aventura que nos propone dejarnos guiar para explorar conexiones insospechadas. Cada menú es una travesía única por todos esos estratos, es el resultado de una acumulación de saberes, de experiencias. Cada plato es una oportunidad de demorarse, de sumergirse en un entendimiento profundo y sensible de ese universo especial que conjuga fronteras.

L U Z

"Es por el recuerdo de la opacidad que el ojo disfruta de la transparencia".
Tiziano

Gracias al fuego, los primeros hombres dejaron sus huellas en la piedra de oscuras grutas y cavernas. Arte y luz forman, desde entonces, una dupla indisociable.

Luz del fuego central. Inspiración. Simbolismo poético.

En la Costa Azul, la luz tiene una presencia que fascina. Fluida, voluptuosa, el modo en que impregna la visión... su potencia confiere a lo real una dimensión que sugiere lo pictórico y por extensión lo trasciende.

En esta luminosidad, la experiencia sensible del entorno se intensifica, el tiempo cambia el pulso y comienza ese ritmo marcado por los cambios de la luz. Valoración absoluta del instante. Reflejos, sombras, exaltación, tranfiguraciones, color, movimiento: registros que la luz plasma sobre un material privilegiado cielo y mar que se despliegan generosamente frente a los ojos cuando se recorre la costa, cuando se observa desde cualquier mirador del pueblo, de la montaña o desde cualquier rincóndel paisaje.

Renoir, Bonnard, Modigliani, Monet, Dufy, Matisse, Rodin, Picasso, Chagall, Man Ray, Cocteau, Braque, Miró, Liégeard, Scott Fitzgerald, Hemingway, Simenon, Sartre, Graham Greene, Hitchcock... eligieron la región por su especial belleza, por la cualidad distintiva de la luz meridional y su efecto sobre los seres y las cosas.

Pintura, cine, fotografía, poesía, filosofía: escrituras de la luz que viajan a través del tiempo y siguen emocionándonos. Leyendas de la zona. Revelaciones del mundo y sus innumerables posibilidades. Manifestación de los cambios y las transformaciones. Movimientos de la sensibilidad. Iluminaciones varias.

En Mirazur, la experiencia de esta atmósfera es vívida y palpable. Balconeando hacia el Mediterráneo, enmarcado por las majestuosas paredes de las montañas, rodeado de un jardín centenario, su magnífico edificio vidriado en tres niveles reproduce y multiplica la vivencia de esa calidad incomparable de la luz. En la sala, el viaje sensible que se inicia con la magnífica vista del mar continúa cuando se descubre cada detalle del lugar, cada objeto de la mesa, cada plato que se presenta al comensal con su universo de formas y colores. Juego de intensidades y contrastes en perfecta armonía con el conjunto.

Como uno de esos sueños improbables que se presentan de la mano del azar, así es el comienzo de la historia de Mirazur. En una charla en torno a una mesa, frente al mar Cantábrico alguien suelta una frase: "Yo conozco un restaurante como este, pero que tiene una vista más hermosa, increíble. Además, está cerca de Italia, en Menton. Y está cerrado desde hace cuatro años". Suelta la frase con inocencia, la deja caer y el terreno es fértil: en el grupo está Mauro Colagreco, un chef argentino que lleva cinco años trabajando en varios de los más importantes restaurantes de Francia. Después de intensos años entre hornallas ajenas, Mauro está buscando un lugar propio para cocinar; tiene la intención y el deseo firme de abrir su local.

Un tiempo después de aquella charla fundacional, se organiza la entrevista con el dueño del local vacío en Menton. En París llueve sin parar, las temperaturas son gélidas y el contraste con Menton es muy fuerte. El relato de ese viaje hasta el pueblo es novelesco, casi una travesía iniciática que arranca desde una París fría y gris, en un pequeño y viejo auto, hacia un pueblo y un sueño que se convertirán en la vida y el destino en los años venideros.

se convocan y en que las limitaciones y las dificultades para dar el salto hacia la empresa propia son enormes. El dinero necesario es mucho; la garantía de éxito, escasa. Pero el deseo, la fortaleza y la perseverancia son enormes y pondrán a girar la rueda que rodará por el buen camino.

Mirazur abre en abril de 2006. Desde entonces, la cocina y el proyecto están encabezados por una frase del Che: "Seamos realistas, hagamos lo imposible". Es una frase emblemática, que pronunció Ernesto Guevara antes del desembarco revolucionario en La Habana y que luego los jóvenes del Mayo francés hicieron propia, la pintaron en las paredes y las banderas de París, y quedespués recorrió el mundo. Es una declaración de principios que afianza la decisión, la confianza, el empeño, y es una consigna que recuerda, a todos los que allí trabajan, cómo y por qué Mirazur pasó en muy poco tiempo de ser un local abandonado y silencioso a la leyenda que es hoy en la región y en la gastronomía francesa e internacional.

En octubre de 2006 y a solo seis meses de su apertura, Mauro Colagreco ya era mencionado como revelación de año por la guía francesa *Gault & Millau*. En 2007 llegaba la

"Non est ad astra mollis e terris via".
("No hay camino fácil de la Tierra a las estrellas").

Una vez que se llega a Menton, hay que recorrer la costanera, que sigue el dibujo de la bahía mentonesa hacia Italia. A la izquierda, el pueblo, la montaña, la vegetación; a la derecha, la playa,el puerto, el mar y un horizonte cada vez más amplio, más grandioso. Se toma un camino ascendente que se introduce en las ondulaciones de la montaña y, justo antes de llegar al puesto que marca la frontera con Italia, se llega a un estacionamiento, apenas escondido, en el que se percibe el aire del mar, que sopla entre las copas de los árboles. La vegetación enmarca un edificio blanco, vidriado. Desde los tres niveles de la construcción, desde sus amplios ventanales se avista el Mediterráneo. Los pisos de baldosas, la cocina enorme y silenciosa, la vista que corta el aliento... El deslumbramiento es inmediato.

En aquel primer encuentro, un hombre alto, el inglés propietario del lugar, vestido de pies a cabeza de blanco, espera a Mauro. Hace preguntas, quiere saber cómo y por qué un chef argentino llegó hasta ahí y ha decidido atreverse a encarar el desafío de dar vida a ese gigante dormido que es Mirazur. Allí comenzará una conversación en la que todas las emociones

primera estrella Michelin, que marcó un antes y un después en el ritmo y la estructura del restaurante. Un año después, una publicación francesa elegía por primera vez cocinero del año a un cocinero no francés, Mauro Colagreco. En 2009 se incluyó al restaurante en The World's 50 Best Restaurants; en 2016 llegó al sexto puesto del *ranking* mundial y en 2017 al cuarto puesto, convirtiéndose en el único restaurante de Francia ubicado entre los diez mejores del planeta. Fue un camino vertiginoso, lleno de saltos al vacío.

Hay un momento que todos recuerdan en esos diez primeros años: es la premiación con la segunda estrella Michelin, que llegó en 2012. Se anunció un lunes, día en que Mirazur no abre. Ese día el teléfono con las felicitaciones no paraba de sonar. Todo el equipo lloraba de emoción. Entre los llamados estuvo el de Monsieur Ducasse, el célebre cocinero francés que quería felicitar al equipo y que una vez al habla dijo: "¡Felicitaciones, la segunda estrella! Ahora se acabó: hay que empezar a trabajar", y colgó.

Alain tenía razón. Mirazur había entrado a las grandes ligas de la gastronomía mundial.

"Seamos realistas, hagamos lo imposible".
Ernesto Guevara

Esencia

Reverencia y exaltación
permanentes de la naturaleza.
Pasión inagotable por el descubrimiento
de nuevas posibilidades.
Un deseo enorme impregna
todo de luminosidad.
Alegría, bienestar por hacer
lo que se ama. Generosidad.
Hay, en la sustancia que nutre a Mirazur,
una especial atención a la vida,
que atraviesa todo: voces de
un paisaje a la vez agreste y dulce.
Bruma que impregna esencias
labiadas en capas calcáreas.
Palpitación del aire. Frescura del producto.
Belleza de lo simple.
Lo etéreo de la primera mirada
profana de la naturaleza.

MÉDITE

R R A N É E

El mar que conmueve

El Mediterráneo es uno de los puntos naturales de mayor confluencia de nuestro planeta. Este mar baña las costas de tres continentes y, desde los más remotos tiempos, es el mar del intercambio. Un vasto espacio de transmisión de culturas y de comercio de productos entre Oriente y Occidente.

Sus aguas son una importante fuente de provisiones. Su flora y fauna marítimas son unas de las más ricas y estudiadas del mundo. Existen alrededor de unas 17 mil especies reconocidas y se estima que aún quedan más por descubrir.

Lamentablemente también es uno de los lugares más amenazados por los cambios ambientales, hidroclimáticos y geomorfológicos ligados a la actividad del hombre. Aunque el poder de regeneración de este mar es inmenso, la esperanza de que siga albergando tanta diversidad depende de la conciencia y las buenas prácticas en este aspecto.

El hecho de que la cocina de Mirazur se desarrolle a los pies del Mediterráneo hace que se vea beneficiada con el acceso a una diversidad y frescura de frutos de mar que difícilmente sea equiparable. El resultado es una cocina permeable que no solo incorpora esta riqueza de ingredientes, sino también cierta atmósfera ligada a esta zona de la costa mediterránea: ligera, perfumada, plena de sutilezas y matices, con un sol tan presente que se filtra y aparece en cada uno de los ingredientes.

El mar es una presencia insoslayable en Mirazur: puede apreciarse tanto en la composición de los platos como frente a los ojos, ya que el mar está siempre a la vista desde el salón. Con su ritmo continuo, su color azul cambiante que se funde con el del cielo, facilita el viaje sensitivo que nos propone el menú, un estado de ánimo que nos acompaña aún mucho después de haber finalizado nuestra estadía en el lugar.

La cuenca mediterránea es la más grande de las cinco regiones del planeta que comparten el clima subtropical. Un microclima que favorece el crecimiento de plantas, aves, reptiles, peces e invertebrados endémicos. Considerada un punto caliente de biodiversidad a nivel mundial, es una zona de alta prioridad de preservación de especies que no se encuentran en ninguna otra parte del mundo.

Se estima que cerca del 9 % de todos los animales marinos del mundo se mueven y se reproducen en el mar Mediterráneo. Un territorio que aún tiene mucho por explorar. Especies poco conocidas viven ocultas entre sus extensas praderas subacuáticas o en las aguas costeras de menor profundidad. Bonitos, caballas, salmonetes, sardinas, cabrachos, mújoles, bogas, peces limón, peces espada, sarguitos, serranos, meros, moluscos, diferentes tipos de cangrejos, langostas, camarones, algas, erizos. Una enorme gama de frutos de mar, colorida y variada como el azul de sus aguas.

Frente a la colorida ciudad vieja de Menton, está el viejo puerto, un lugar histórico en la vida mentonesa, donde aún algunos pescadores venden el producto de su pesca.

Manuela y Lionel son figuras de una época que se acaba. Debido a la pesca a gran escala, un sistema que favorece a los grandes barcos, los pescadores artesanales están desapareciendo. En la costa de Menton, ellos son los únicos que hacen ese trabajo en forma artesanal, siguiendo el legado de las antiguas generaciones, con un alto grado de conocimiento del lugar y responsabilidad por la preservación de su especial riqueza.

La pesca artesanal, como cualquier trabajo en la naturaleza, depende de las variables del tiempo; es un trabajo difícil que requiere pasión y entrega total. Todas las madrugadas, siempre que el clima lo permite, Lionel se interna en el mar con su barco. Por lo general, parte a las cuatro de la mañana y a eso de las diez está de vuelta para asegurar las primeras ventas en el puesto que atiende Manuela, su mujer.

Lionel Brezzo es la tercera generación de una familia de pescadores. Nacido en Menton, su padre le enseñó la profesión de pescador y fue quien lo introdujo en los secretos del mar. Al morir su padre, en un acto de profundo agradecimiento, Lionel bautizó la embarcación con su nombre: Prosper.

El barco es grande de dimensiones profesionales, construido en fibra, liviano y de mantenimiento más fácil que el de madera que tenía antes. Lionel lo navega solo; se interna en lo profundo del mar para encontrar peces distintos todos los días. Variedad en esa zona del Mediterráneo hay mucha, pero es necesario ir a buscarla lejos y en profundidad, a veces a más de quinientos metros. La pesca también depende de la época del año, la temperatura del mar, el tránsito de las embarcaciones... todo eso incide en el movimiento de los peces, que se acercan o se alejan de la costa buscando nuevos lugares para comer.

En la pesca a gran escala, se hace un barrido con grandes redes que dañan el producto. Lionel, con su método y sus pequeños elementos de pesca, asegura que cada producto llegue al puesto del mercado intacto, con una frescura y calidad inusuales.

El momento del regreso al puerto, cuando Lionel despliega todo lo que ha pescado, es fantástico, una auténtica ceremonia: en el barco, separa los pescados y limpia las redes de algas y pequeños seres marinos que quedaron atrapados en ellas.

Manuela, en la costa, limpia los pescados y los presenta en el puesto de venta en una amplia paleta de colores, texturas y tamaños. Allí sobresalen el brillo de las escamas, la vivacidad acuosa de los ojos y los tornasoles de las pieles, que van del rojizo al azulado. Las variedades son muchísimas: peces de roca, castañuelas, doradas reales, bonitos, caballas, pulpos, calamares, sepias, langostas, cangrejos. En verano, la gente compra desde la misma playa, Manuela les ofrece hielo con una amplia sonrisa y toda la gracia española de su sangre gallega.

Ella nació en Galicia y vive en Menton desde los siete años. Allí se conocieron con Lionel. De niños eran vecinos, jugaban en el mismo barrio, frente al puerto. Están juntos desde la adolescencia compartiendo la vida, complementándose en las tareas relacionadas con la pesca: él, un enamorado de la navegación; ella adora el contacto con la gente, con la frescura del producto que viene del mar y sus diversas formas de prepararlo.

Es toda esa riqueza la que termina ennobleciendo la carta de Mirazur. Una manera de trabajar que en el restaurante se valora y por la que se apuesta a que sobreviva.

Giuseppe
La barca *Patrizia* en San Remo

Los Di Gerlando son una familia de larga tradición pesquera: llevan tres generaciones dedicadas a esta actividad. Son pescadores de gambas y peces, venden sus propios productos y, desde el año 2008, también los cocinan. Tienen su restaurante frente al puerto, sobre la costanera: una propuesta de cocina kilómetro 0, que se enmarca dentro del *ittiturismo*, una palabra relativamente nueva en el vocabulario italiano y que se refiere a un conjunto de servicios turísticos ofrecidos en tierra firme por los pescadores. Esto constituye una actividad económica a tiempo completo, que involucra a todos los integrantes de la familia en distintas tareas y roles.

Desde el puerto de San Remo, en Italia, proveen al restaurante Mirazur de los espléndidos y famosísimos *gamberoni* de esta zona del mar Mediterráneo en la Liguria occidental.

Aristeus antennatus, *gambero viola* o *gambero rosso* en italiano, este fruto de mar tiene características propias que le confieren un sabor y aspecto únicos: color rojo con tintes violáceos por fuera, cabeza transparente, carne rosada, abundante y dulzona. Los *gamberi* son capturados en profundidad con redes, de manera artesanal y con un cuidado extremo para conservar sus características intactas y no dañar el medio ambiente. La estación de pesca más abundante de los *gamberi* va de marzo a junio, momento en que están menos activos y se amontonan para comer en los pozones donde está el kril. Ahí aparecen los mejores ejemplares, grandes, majestuosos. Luego, la pesca continúa pero hay menor cantidad de *gamberoni*, apenas suficientes para abastecer a los clientes más importantes. Es el momento en que los crustáceos ya han soltado sus huevas y están más dispersos y activos. También la corriente marina incide en la pesca: cuando es muy fuerte, el trabajo con redes se hace difícil.

De excelencia internacional, los *gamberoni* de San Remo son uno de los productos más codiciados de la zona y alrededores. Como la mayoría de los productos distinguidos, portan una certificación de calidad muy estricta y siguen un protocolo de etiquetación donde aparecen, entre otras, indicaciones precisas del lugar donde fueron pescados.

48

Mercados

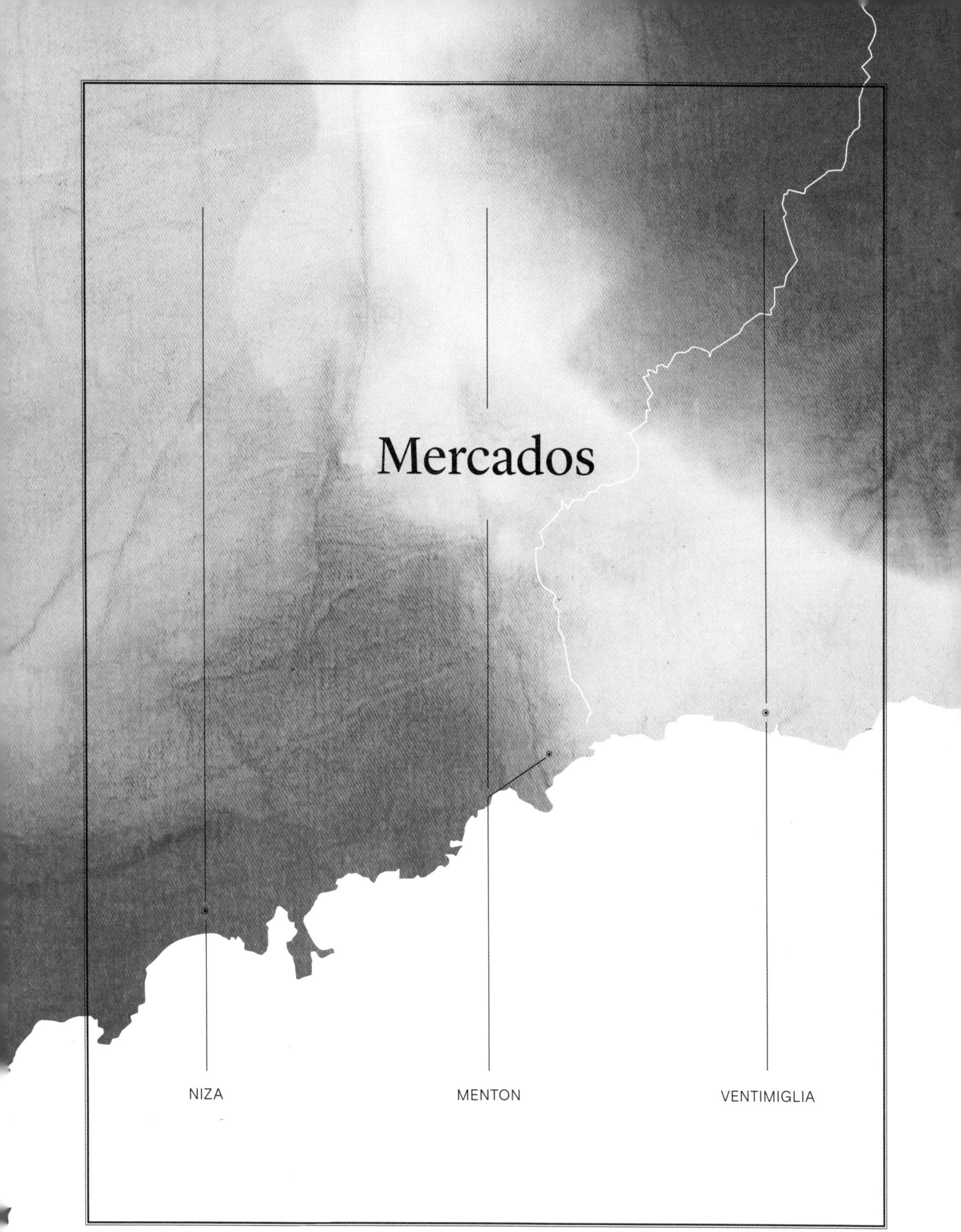

En la región de los Alpes Marítimos, cada ciudad o poblado, desde el más visible hasta el más remoto, tanto en la costa como en la montaña, tiene su mercado de alimentos.

Recorrer esos mercados es adentrarse en la especificidad de esos territorios, en sus saberes y costumbres. Resulta un paseo pintoresco entre colores, aromas y sabores, por edificios y paisajes con encanto y con historia, una experiencia que nos sorprende con encuentros imprevistos, adorables personalidades del lugar y enriquecedores intercambios entre feriantes y clientes.

Los mercados de Menton, Ventimiglia y Niza se encuentran entre los más importantes de la zona y, además, están directamente relacionados con la actividad de Mirazur. Estos tres mercados convocan a los comerciantes de la zona quienes, como productores o revendedores, se instalan en sus puestos.

Niza y sus turistas. Menton y su intimidad.
Ventimiglia y su vital bullicio.

Cada mercado tiene su identidad, cierta atmósfera que lo define y lo distingue: la particularidad de sus productos, las características edilicias y del entorno, la cantidad de puestos, el público que lo frecuenta.

En ellos podemos encontrar los más variados productos: frutas y verduras de estación; hierbas, flores y plantas; especias y aceites; vinos y licores; quesos, lácteos; embutidos y fiambres; huevos; mermeladas, mieles; panes y pastelería; carnes y pescados; productos típicos de la zona.

Detrás de cada puesto, hay una historia familiar ligada a la tradición y al terruño, a la innovación y a la creatividad. Los pequeños productores ponen más énfasis en la elección de los procesos y la calidad de la producción, que en la cantidad y la ganancia de lo que ofrecen. Una filosofía de vida virtuosa y comprometida con el cuidado del entorno.

Coeur de Boeuf

Doménica tiene ochenta y tres años, nació en Calabria y desde el año 1952 vive en Ventimiglia. Trabaja en el mercado con su familia: su marido, su hijo, su sobrina y su hija Graciela, que atiende el puesto de quesos. Limones, habas, caquis, frutas, ramilletes de albahaca, hierbas y verduras de estación que provienen de su huerta donde "tutto è bello". También huevos de oca, que es lo que principalmente vende a Mirazur, y flores de su jardín, que asoman entre las hortalizas de su puesto. Justamente, la primera compra que le hicieron del restaurante, allá por 2006, fueron flores: Mauro se acercó al puesto atraído por los colores de un ramo de flores que llevó para adornar las mesas de Mirazur.

P.O. G
700
SC.±15

POMME GALA
Origine FRANCE
4.00kg €
POMME GOLDEN
Origine FRANCE
3.50kg €
POMME PINK LADY
Origine FRANCE
6.00kg €
POMME GRANNY SMITH
Origine FRANCE
POMME ROYALE CHILI
TERRE DE POMMES
ORANGE PETITE
Origine ESPAGNE
2.90kg €
POMELOS
Origine RSA
1.60P €
CITRON JAUNE
BRESIL
6.00kg
CITRON VERT
Origine BRESIL
10.90kg €
SCORPYUS FRUITS
Desde 1944

SPÉCIALITÉ
MENTONNAISE
BÉLIN DE
MARINE
BIO
+
AUDINES

Citron de Menton
non Traité.
extra
le Kg

€500
kilo

Tres mercados de alimentos que tienen en común la diversidad, la calidad y la calidez de sus productos y su gente. Tres mercados en los que siempre se encuentra más de lo que se ha ido a buscar.

Por eso los que trabajan en Mirazur van al mercado con el ánimo de dejarse sorprender por la novedad y, si bien siempre hay un próposito especial, un queso determinado, ciertas frutas y verduras o algún pescado, la mayoría de las veces se vuelve del mercado con algún otro producto que por su frescura, aroma, color y sabor serán inspiradores en la cocina al momento de realizar el menú del día.

DIVERSIDAD

CALIDAD

CALIDEZ

65

365

Una carta en blanco
cambia cada día con el paisaje.
Mar, jardín y montaña
en trescientas sesenta
y cinco estaciones.

Pan para compartir

Harina tipo T55 (u otra harina rústica), 2 kg
Sal marina fina, 60 g
Manteca, 400 g
Agua fría, 1 l
Levadura fresca, 60 g
Harina tamizada, para espolvorear

Colocar la harina, la sal, la manteca y el agua fría en el bol de la batidora (con el gancho amasador) o de la amasadora. Mezclar a baja velocidad (N.° 2) durante 15 minutos. Una vez obtenida una masa homogénea, incorporar la levadura desgranada y continuar mezclando 5 minutos más. Se obtendrán 3,39 kg de masa. Tomar 3,30 kg y reservar el resto de masa, que se usará para preparar la masa madre.

Con los 3,30 kg formar 13 bollos de 250 g cada uno o 22 bollos de 150 g. Golpear bien cada bollo para sacar las burbujas que hayan quedado en la masa. Cubrir los bollos con papel film. Dejarlos levar unos 90 minutos, a una temperatura de 20 °C. Una vez que hayan levado, rociar cada bollo con un poco de agua y luego espolvorearlos con harina tamizada.

Con un cuchillo muy filoso, realizar en la parte superior de cada bollo unos 6 cortes y ubicar los bollos en una placa. Dejarlos reposar unos minutos.

Precalentar el horno a 250 °C. Introducir la placa con los panes. Rociar con un poco de agua el interior del horno.

Bajar la temperatura a 210 °C, cerrar y cocinar los panes durante 13 minutos. Tener en cuenta que los panes grandes requerirán unos minutos más de cocción que los chicos.

Retirar del horno y servirlos tibios con aceite de oliva al limón y jengibre.

Caracol de colinabo

MÉDITERRANÉE · JARDINS

Remolino de poutines

MÉDITERRANÉE

Centolla
Pomelo
Hierbas silvestres

MÉDITERRANÉE · JARDINS

Verde

JARDINS

Buey de mar
Almendras
Tagetes

MÉDITERRANÉE · JARDINS · MONTAGNE

Carpaccio de rabo

MONTAGNE • JARDINS

Erizos
Café
Almendras

MÉDITERRANÉE • MONTAGNE

Espárragos
Yogur
Pomelo rosa

JARDINS

Cigala
Verduras
Flores silvestres

MÉDITERRANÉE • JARDINS • MONTAGNE

Judías
Caviar Oscietre
Flores de ciboulette

MÉDITERRANÉE · JARDINS

Espárragos
Lardo
Ajo silvestre

MONTAGNE • JARDINS

Ruibarbo
Col púrpura
Arándanos

MONTAGNE · JARDINS

Carboneras
Avellanas
Ajo nuevo

MONTAGNE

Rascasse
Apio
Cilantro

MÉDITERRANÉE · JARDINS

Tendón de ternera
Almejas
Taco de reina

MÉDITERRANÉE · JARDINS · MONTAGNE

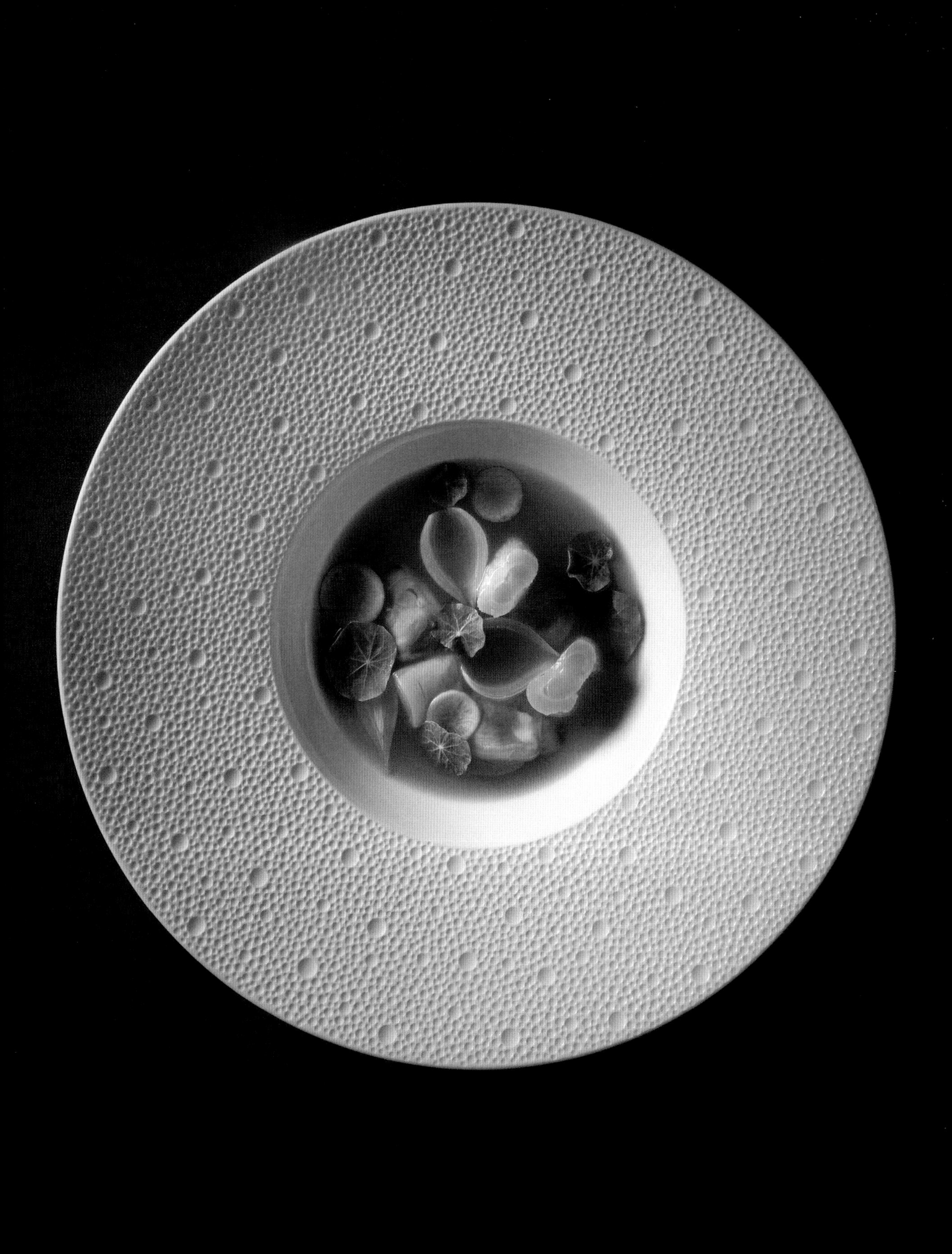

Panceta de cerdo
Cedre confitado
Abeto

MONTAGNE • JARDINS

Pichón
Trigo espelta
Fresas silvestres

MONTAGNE · JARDINS

Granita de higos

JARDINS

Fresas
Ruibarbo
Rúcula

JARDINS

Tussilage

MONTAGNE

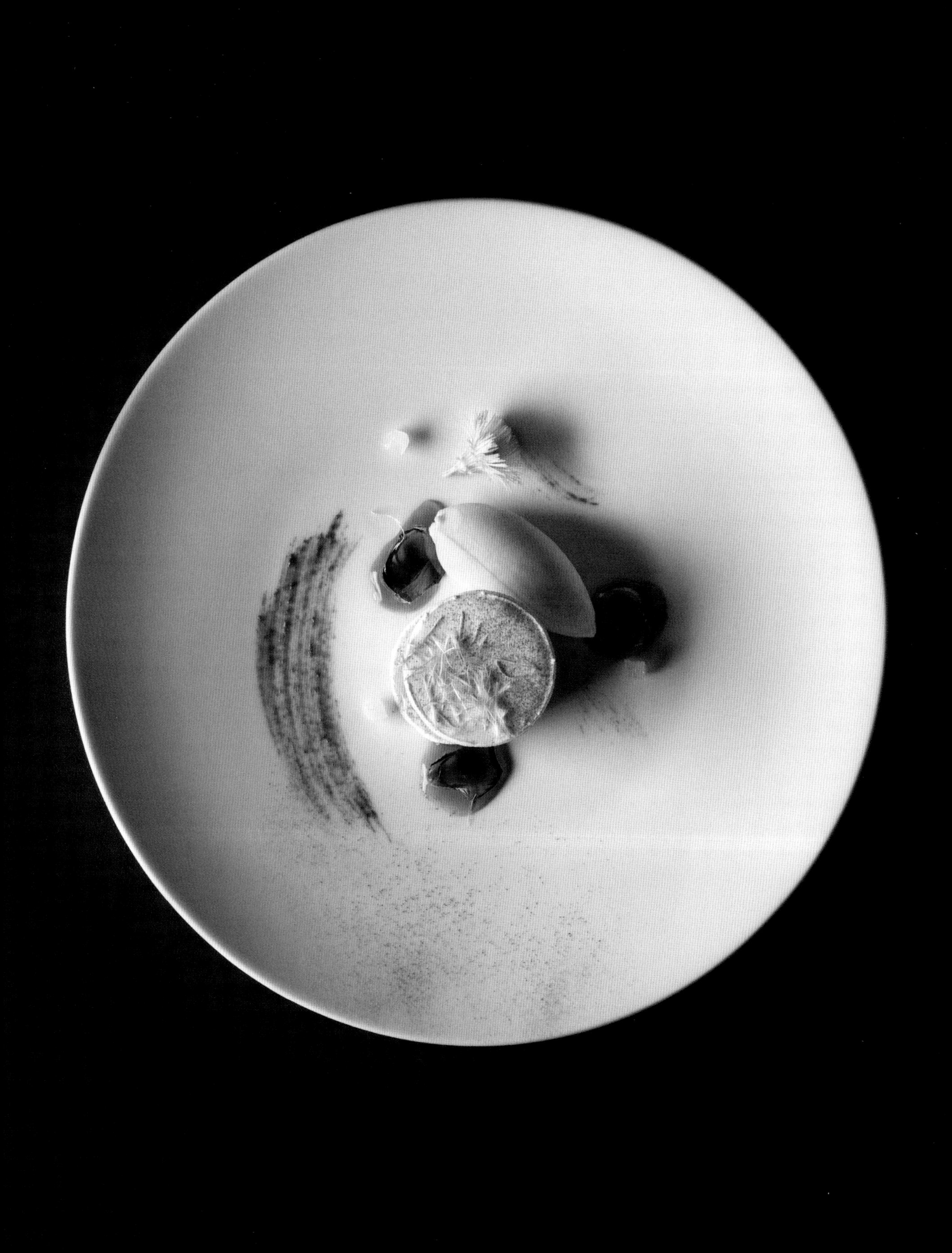

Pomelo
Sauco
Chocolate blanco

MONTAGNE · JARDINS

Cerezas

MONTAGNE

J A R D

I N S

La tierra profunda

Centro internacional de los amantes de plantas exóticas aclimatadas, Menton es reconocido mundialmente como un vasto jardín. Desde el siglo XVIII el pueblo fue construyendo su identidad paisajística de la mano de visitantes y moradores apasionados por la naturaleza y la belleza de una arquitectura ligada a la exaltación de la exuberancia de sus jardines.

Célebre por la calidad de sus espacios naturales, dotado de un microclima suave y sin grandes contrastes estacionales, fueron, entre otros, botánicos ingleses quienes introdujeron plantas tropicales y subtropicales y crearon así espacios donde conviven en armonía las más diversas especies vegetales. Palmeras y olivares centenarios, colección de cítricos y especies mediterráneas, infinidad de flores, plantas y árboles de todos los hemisferios cohabitan un ámbito donde el criterio estético guía e introduce al visitante en verdaderos espacios oníricos de inusual riqueza.

Mil y un verdes, sorpresivos toques de color, fuentes, estanques, balcones, estatuas, cerámicas ornamentadas, juegos de terrazas. Elementos todos que deslumbran y habilitan un viaje bucólico a la mirada, un viaje en el tiempo que conecta con las raíces históricas y culturales del lugar, con los más bellos relatos mitológicos. Viaje sensitivo, donde lo imponente y lo sutil se combinan con gracia en una atmósfera dominada por el silencio y la frescura.

Concebidos como lugares de esplendor, con su original yuxtaposición de las más diversas regiones fitogeográficas del planeta, con simbolismos provenientes de distintas culturas, en los jardines de Menton sobrevuela un aire de reconciliación, una puesta en escena de la naturaleza que nos habla de la maravilla que sucede en los fructíferos juegos entre fronteras.

Es esta fuerza vital de la tierra la misma que está presente en el restaurante Mirazur, donde la importancia de cultivar lo que se va a ofrecer se impone naturalmente. Mitad huerto, mitad jardín, la base de su cocina está en sus terrazas. Hierbas, flores, vegetales, árboles frutales.

Además de un árbol de paltas, considerado el más grande y antiguo de la zona, este jardín tiene limoneros, naranjos, mandarinos, quinotos y pomelos. En el suelo crecen menta, *ciboulette*, salvia, orégano, ajedrea, un sinnúmero de flores comestibles como la borraja, la capuchina, las begonias.

Por eso el equipo de Mirazur vive entre la cocina y el jardín donde cada mañana se cosecha lo que la naturaleza ofrece.

Laure
La vida en la huerta

La huerta en Mirazur tiene un lugar de privilegio: es de donde provienen los elementos para elaborar los platos. Una de las huertas está ubicada en las terrazas del acantilado del propio restaurante; la otra, a metros de la primera, en los jardines de la casa del chef. Las dos están dirigidas por una mujer: Laure du Merle. Ella lidera el equipo de trabajo. Otros colaboradores ocasionales o permanentes la acompañan, como es el caso de Christophe y Teresio. Este grupo desde hace años se encarga de la ampliación de la huerta original de Mirazur.

Laure, vive en Menton, a minutos de la huerta. Lejos del estereotipo de la campesina ligada al trabajo de la tierra, ella se parece más a una *rock star* o a una chica *punk*. Comenzó a trabajar en el jardín de Mirazur gracias a un amigo que trabajaba allí y que le pidió asesoramiento y colaboración. Empezaron juntos pero fue ella la que continuó.

Actualmente se encarga de cultivar y cosechar todos los productos de la huerta que se consumirán en el restaurante, que son muchos y se acrecientan en cada temporada. Trabaja en la huerta casi toda la semana, según el requerimiento. Desde temprano recorre el lugar, registra lo que ya está a punto para ser cosechado, escarba la tierra, poda, riega, selecciona semillas.

Aparte de las variedades de plantas que se cultivan en la zona y de aquellas que les proveen grupos que trabajan en el rescate de variedades antiguas y en vías de extinción, están las traídas de América Latina y de otras latitudes. El rostro de Laure se transforma cuando, agachada en plena tarea, descubre que algunas de esas semillas extrañas se despiertan en la tierra y van desarrollando hojas, flores, frutos. Así le sucedió con las papas oca o las distintas especies de tuberosas andinas. Es el momento mágico de su trabajo. Nuevos sabores que conviven con los propios del Mediterráneo y derriban las fronteras, porque precisamente junto a la línea de rúculas asoma un tubérculo andino, que es uno de los últimos en surgir. Vino de Perú, cruzó océanos y tiene colores que ella nunca había visto. Por eso se emociona.

También están aquellas plantas que Laure nos señala como propias del lugar o que mejor están adaptadas al suelo mediterráneo: la *riquette*, una rúcula salvaje muy apreciada; los garbanzos, que en el pasado se plantaban con frecuencia en las huertas familiares; las habas; los tomates; los calabacines; las calabazas; los alcauciles...

La decisión de qué productos se van a plantar surge de un ida y vuelta entre las propuestas y sugerencias del chef y las de Laure, que aporta sus propias semillas y conocimientos, su intuición y sus deseos en una labor que la hace sentir libre y feliz. "Me da felicidad cualquier planta que crezca bien", asegura. "Ver que una planta crece, se desarrolla, da flores y frutos es siempre una enorme satis-facción. Además está el placer de saborearla". Laure las prepara y las consume cotidianamente.

La huerta produce todo el año al ritmo de las estaciones, el trabajo es continuo. Cambian las verduras y los colores, se trabaja la tierra para recuperarla, se la cubre con paja, se la hace descansar, se la abona y se asocian cultivos que aseguran la buena salud y la riqueza del suelo. Así los tomates y los productos del verano dejan lugar a las cebollas del invierno, que no necesitan de un suelo muy rico, o a las leguminosas, que "comen del aire más que de la tierra", o a las variedades de clima más frío: los brócolis, los repollos, los hinojos y las zanahorias.

En el invierno, se dejan descansar las parcelas del terreno que fueron muy demandadas durante el verano, como aquellas donde crecen los tomates, que son plantas que toman muchos nutrientes del suelo. Esas parcelas se tratan con abono verde: en lugar de agregar tierra fértil, se dejan crecer pequeñas plantas que naturalmente aportan nutrientes, fijan el nitrógeno y mejoran la estructura del suelo. Tréboles, mostaza, tagetes, capuchinas o taco de reina, caléndula y borraja que, además de abonar, repelen parásitos y se usan en la cocina del restaurante.

En la huerta todo crece naturalmente según sus tiempos y sus ciclos: "Cuando la planta muere, muere; no hay artificios para que dure más tiempo, para que crezca fuera de temporada. Como en todo, hay plantas que crecen mejor, hay algunos intentos fallidos, decisiones que se van tomando sobre la base de la experiencia concreta: cambios de lugar o plantas que se desechan porque no se adaptan a las condiciones climáticas. Como ocurrió con los repollitos de Bruselas porque en Menton no hace el frío que la planta requiere. Todo eso es parte de la vida de la huerta. Se acepta, se integra a la experiencia". Un estado de espíritu que prioriza la observación del comportamiento de las especies para mejor conocerlas y utilizar sus capacidades naturales.

Los proyectos, que van cambiando la estructura y el formato de la huerta, apuntan a mejorar el tratamiento de la tierra y del entorno. Trabajar cada vez más con los principios de la permacultura. Entender el jardín como un espacio de vida donde numerosas energías confluyen: crecimientos, desplazamientos, intercambios, pequeños combates.

Laure conoce cada rincón de la huerta, sabe interpretar esas interacciones que allí se producen y sabe que, además del cuidado, de la preparación de la tierra y del alimento, es muy importante saber asociar las plantas: "Ocurre como con las personas, hay algunas que se llevan mejor con unas que con otras".

Mientras camina, acaricia, huele las plantas, las prueba y colabora en la cosecha de lo que, en pocas horas, será un nuevo plato en el menú de Mirazur.

Aris

Vinos que maduran al ritmo de los astros

"Si vives y trabajas en armonía con la tierra, serás feliz". Guardadas en algún lugar de la memoria de Aris, entre los recuerdos más amorosos de su infancia, las palabras del abuelo Aristide se convertirían en una poderosa semilla a la espera de los buenos tiempos. Brotarían cuarenta años más tarde y darían nacimiento al proyecto que es la razón de vivir de Aris: los vinos biodinámicos de Selvadolce.

Veterinario de profesión, después de graduarse debió hacerse cargo de la hacienda familiar, una tierra dedicada al cultivo de flores. La curiosidad, más que el conocimiento, lo llevó a hacer un curso de agricultura biodinámica en el que conoció a una pareja interesada en vitivinicultura. Sin haber estado nunca en contacto con el mundo de los vinos, siendo un abstemio en una familia de abstemios, Aris se apasionó con este método de cultivo y tomó la decisión de transformarse en un productor de vinos biodinámicos.

A partir de ese momento, en 2004, comenzó los trabajos en el terreno, unas siete magníficas hectáreas con vista al mar en una de las zonas más panorámicas de Bordighera, Italia, a tan solo 20 kilómetros de Mirazur.

Esa tierra, agotada por los pesticidas usados durante años según los métodos convencionales, se transformó en un organismo vivo, donde la interacción entre el suelo, las plantas y el cosmos producen uvas originales y de una calidad excepcional.

Para Aris, trabajar con la tierra es prioritario. Dar vuelta el suelo, carpirlo, incorporar compost verde y desparramar las preparaciones biodinámicas (hechas con silicio, hueso, cuernos, etcétera.) ayudan a las plantas a desarrollar un vigoroso sistema de raíces gracias a los miles de microorganismos presentes en el suelo. De esta manera, las plantas no dependen de fertilizantes químicos ni herbicidas, pueden alimentarse en forma autónoma, debido al fortalecimiento de este sistema radicular. Las viñas son capaces de introducirse en la tierra, explorar los niveles más bajos del subsuelo y recolectar un infinito número de nutrientes que formarán parte de la esencia del vino y que ninguna tecnología podría aportar.

A las cinco y media de la mañana, con la luna sobre la costa francesa, empiezan a preparar el 501, el brebaje biodinámico, y al atardecer lo esparcen. La elección del momento del día y del ciclo lunar son la clave de este método que sigue el ritmo del cosmos, la influencia de la luna sobre el hombre y las mareas. La preparación se usa luego de haber trabajado el suelo, para que se canalicen las fuerzas celestes durante el período de maduración.

Una buena fotosíntesis es fundamental para una vitivinicultura exitosa. Gracias a este proceso metabólico, la energía se transforma en materia. Por eso no defolian las ramas ni podan los brotes. Las hojas son esenciales luego de la cosecha también: ayudan a acumular sustancias nutritivas y preparan la tierra para un nuevo vino al año siguiente. Aris asegura que la naturaleza nos ha provisto de maravillosos y sofisticados instrumentos para explorar el mundo alrededor nuestro: los sentidos. Para saber el punto justo de maduración "hay que sentir", no hay ningún análisis científico que nos diga cuándo ha llegado ese momento. La edad de la planta, la familia, la genética y su exposición al clima determinan cuándo las uvas deben ser cosechadas. Para ello las uvas se tocan, se degustan, desde la crocante piel y la rica pulpa hasta la astringencia de sus semillas. Se hacen entre cuatro y cinco cosechas al año en las dos hectáreas que tienen en producción.

La fermentación es espontánea a partir de las levaduras nativas. Estas pueden diferir cada año de acuerdo al clima y están íntimamente asociadas a la tierra y la fruta. Estas levaduras siguen trabajando luego de la fermentación y, cuando su actividad culmina, liberan componentes desde sus paredes celulares hacia el interior del vino. Es todo este proceso lo que asegura que el carácter de estos vinos esté verdaderamente ligado al territorio donde se producen. En ellos se respira todo el paisaje de esa zona de la Liguria cercana a Francia. Son vinos que están vivos y dicen cosas.

"Nosotros entramos a la bodega en puntas de pie, silenciosos, para poder escuchar al vino y permitir que viva y se transforme", dice Aris.

Trabajan con barricas construidas enteramente con madera, material ideal para el vino biodinámico. El vino se embotella sin clarificación ni filtración, para no diluir el sabor de la uva, y porque muchas metamorfosis pueden desarrollarse dentro de la botella y dar notas especiales. En el diseño de las etiquetas interviene un artista amigo con bellas pinturas realizadas para cada tipo de vino: Rosso se, Rucantú, Crescendo...

En Tenuta Selvadolce hay una firme voluntad de reducir al máximo el impacto de los métodos que envenenan la tierra, un deseo de lograr una alta calidad gustativa de sus productos y una filosofía de vida que venera a los ancestros como infinita fuente de amor y conocimiento.

Menton fue, es y será por siempre distinguida como la ciudad de exuberantes jardines y formidables cítricos. Una implicancia cultural profundamente arraigada y fácilmente reconocible cuando se recorren los comercios de la parte vieja de Menton, donde se ofrece todo tipo de productos que tienen el toque cítrico como nota distintiva, sobre todo del emblemático limón del lugar. Una pujante economía gastronómica, cosmética y turística se desarrolla a partir de esta producción, que genera empleos directos, indirectos y mano de obra calificada.

La Fiesta del Limón también da cuenta de esta identidad. Un evento único dentro de la tradición de los festivales, que se realiza en el pueblo todos los años y que convoca a visitantes de todas partes del mundo. Tiene sus antecedentes en el año 1896, toma forma en 1929 cuando Menton es el primer productor de limones del continente y se instala definitivamente como Fiesta del Limón en el año 1934. Desde entonces, la ciudad y sus jardines son escenarios de grandes desfiles de carruajes adornados con esculturas gigantes realizadas con cítricos. Una celebración que impregna el paisaje invernal de vivos colores cálidos.

Los cítricos están profundamente ligados a la cocina y a la historia de Mirazur. Para honrarlos, el restaurante acompaña esta festividad del mes de febrero con un menú enteramente dedicado a ellos.

Es en los jardines del restaurante donde Mauro Colagreco recibiría el flechazo que lo enamoró para siempre del lugar y lo decidió a llevar adelante la enorme hazaña de reabrir Mirazur. Allí, en la terraza de los cítricos donde crecen, entre otros, quince espléndidos limoneros y donde antiguamente se servía la mejor limonada artesanal de Menton. Una anécdota fundacional ligada al aroma y al color blanco de los azahares.

Los limones de Mirazur tienen un perfume extraordinario gracias al clima subtropical del lugar. La variación de temperaturas entre la noche y el día durante el invierno los hace diferentes de otros limones: color amarillo vivo, aroma excepcional y gusto azucarado, rico en ácidos y esencias, con una piel con gran concen-tración de aceites esenciales que, entre otros usos, se puede trabajar para hacer un *confit* inspirado en una receta del norte de África. Generoso y fructífero. Se pueden hallar hasta una quincena de frutos por racimo. Se lo cosecha lo más tardíamente posible, a veces se lo deja madurar hasta un año en la rama. La gama de aceites desarrollada con recetas del chef tienen como sello distintivo el uso del limón de Menton y otros cítricos como la mandarina o el yuzu que se combinan con jengibre o distintos tipos de pimientas.

Son frutos inspiradores y de gran versatilidad. Sus usos son inagotables: preparación de bebidas y cócteles, aceites y vinagretas, carnes y vegetales, cremas heladas, pastelería, postres. Se aprovechan por entero pulpa y odorante piel.

Los cítricos son parte relevante del patrimonio local. Mirazur trabaja con su propia producción y con la de productores apasionados capaces de experimentar con muchas variedades y de brindar la oportunidad de descubrir la enorme paleta de este universo de cítricos.

"Para hacer un jardín se necesita un pedazo de tierra y la eternidad",
Gilles Clément

En Menton, se encuentra una de las mayores reservas del mundo en variedad de cítricos: el Jardín del Palacio Carnolès. Su historia se remonta al siglo XVII, cuando el primer príncipe de Mónaco, Honorato II, hace construir una residencia de reposo en una propiedad de cítricos de la familia. Allí planea tener un verdadero jardín y manda plantar flores y naranjos con una disposición en forma de estrella, para disfrutar en primavera el aroma de los azahares y los jazmines.

El lugar va pasando por los descendientes de la familia Grimaldi, que lo embellecen y enriquecen su colección de plantas y árboles. En 1961 la Prefectura de los Alpes Marítimos lo expropia para crear un parque público y en 1994 la Municipalidad de Menton deviene propietaria del lugar.

El Jardín Carnolès es un centro de aclimatación y de investigación, su colección de cítricos es distinguida por el Conservatorio de Colecciones Vegetales Especializadas francés. En su predio conviven 137 variedades de cítricos: 11 de limones, 6 de cedre, 24 de naranjas dulces, 6 de naranjas amargas, 8 de limas, además de mandarinas, quinotos, bergamotas y pomelos.

Lugar de belleza e inspiración para productores de toda la región, que apuestan a recrear y mantener viva esta fantástica diversidad.

El restaurante Mirazur tiene el privilegio de estar autorizado por el Municipio para colectar los frutos del Jardín Carnolès y utilizarlos en su menú.

136

Hierbas

Foeniculum officinale

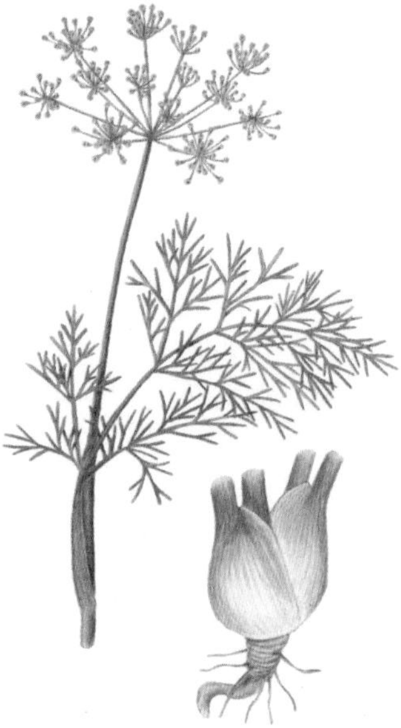

Alliaria petiolata

Rumex acetosa

Angelica archangelica

Sanguisorba minor

Es una planta bienal de la familia de las rosáceas, también conocida como pimpinela menor. Habita prados de Europa, el noreste de África y el sudoeste asiático.

Crece en suelos pedregosos, calcáreos y bien drenados, entre malezas, en terrenos abiertos e insolados.

Sus flores, rojas o púrpuras, brotan al principio del verano, apiñadas en el extremo del tallo. Su fruto es de forma ovada y superficie rugosa.

El nombre *Sanguisorba minor* proviene de la palabra latina *sanguis* (sangre) por su capacidad para frenar la hemorragia. Tiene propiedades astringentes y puede actuar como digestivo, diurético y cicatrizante.

Es una hierba popular en las casas de campo inglesas, y fue llevada a Norteamérica por los primeros colonos. Sus flores y hojas tiernas, agridulces y refrescantes se utilizan crudas en ensaladas y aderezos. Tienen un aroma similar al de las nueces y un sabor cercano al del pepino. Es uno de los siete ingredientes originales de la famosa salsa verde de Frankfurt y, en países como Bélgica, se la utiliza para aromatizar cervezas, vinos y brandis.

Filipendula ulmaria

Es una planta herbácea de la familia de las rosáceas, que crece en bosques, prados y regiones húmedas de Europa, Asia templada y Norteamérica. En estado silvestre, se la encuentra junto a ríos y estanques.

Sus hojas recuerdan a las del olmo, de ahí proviene su nombre *ulmaria*. También se la conoce como reina de los prados porque sus ramilletes sobresalen por encima de las otras plantas y pueden alcanzar hasta 2 metros de altura.

Florece en verano. Las flores, de color blanco crema, desprenden un aroma agradable, similar al aceite de gaulteria. El botánico John Gerard escribió en 1597: "Su olor deleita los sentidos".

El principio activo que contiene es el ácido salicílico, de propiedades analgésicas y antiinflamatorias por lo que, desde la Antigüedad, se emplea como planta medicinal. Era una de las tres hierbas medicinales más sagradas de los druidas. El nombre Aspirina proviene de su nombre latino *Spiraea ulmaria*.

Hasta el siglo XI, en los países escandinavos y el Reino Unido, era añadida al vino, a la cerveza y a la hidromiel como endulzante o clarificador.

Sambucus nigra

El viajante de los jardines lleva un herbario

En la vida de la humanidad, las hierbas que crecen libremente y pueden ser utilizadas por su aroma, su agradable sabor y sus virtudes terapéuticas, desempeñan un papel importante.

Desde el principio de los tiempos, el hombre ha aprovechado sus propiedades para perfumar, dar sabor, conservar los alimentos, tratar dolencias y enfermedades, celebrar ceremonias y realizar ritos ancestrales.

Las más diversas y antiguas culturas se interesaron, investigaron y aprovecharon sus características dejando un sólido legado de conocimiento como es el caso de las civilizaciones de Egipto, India, China y Grecia. Como así también, el de los pueblos originarios de África, América, el Pacífico, que transmitieron de generación en generación sus conocimientos a través de sus prácticas.

Los avances producidos en los siglos XIX y XX en técnicas de conservación de alimentos y de acceso a fármacos sintéticos resultaron en un desinterés y una desvalorización de las hierbas y sus usos. Reconectar con esa sabiduría y descubrir el placer de la diversidad es un bello y arduo desafío en la actualidad.

En Mirazur se utiliza una enorme cantidad de flores y hierbas silvestres recolectadas en los propios jardines del restaurante y en sus alrededores. De esta manera, se establece una relación íntima entre el sello identitario de su cocina y los ecosistemas del lugar, a la vez que se actualizan saberes y sabores de otros tiempos.

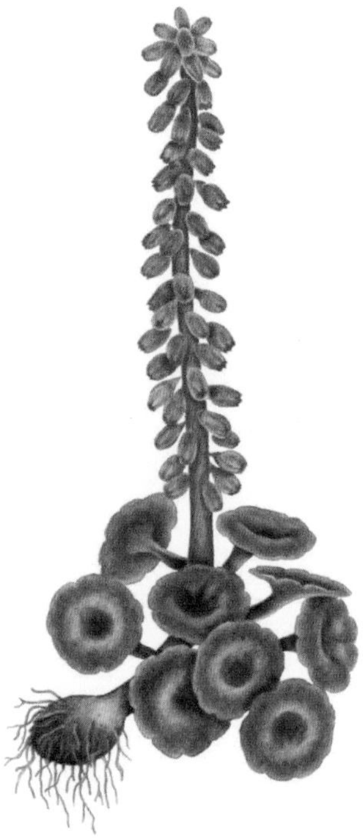

Umbilicus rupestris

Es una planta suculenta de la familia de las *Crassulaceae*, conocida con el nombre de ombligo de Venus. Es muy común en Europa, en las regiones de clima templado y húmedo.

Crece en lugares rocosos, en muros, en viejas construcciones, sobre troncos de árboles, en sustratos bien drenados y ácidos. Llega a alcanzar los 50 centímetros de altura.

Su nombre deriva de la forma de sus hojas redondeadas con una depresión en el centro donde crece el pecíolo, que da la impresión de un ombligo.

La floración de color blanco verdoso o amarillo pálido, en forma de racimo denso con la corola en tubo es visible en primavera y verano. De acuerdo a las características del clima, la planta puede tornarse enteramente de una coloración rojiza.

Sus hojas son lisas, tiernas, llenas de líquido, agradables al tacto, de color verde vivo y propiedades aromáticas. Se pueden comer crudas; son crocantes, de sabor muy apetecible, ligeramente ácido; ricas en hierro, vitaminas, sales minerales y taninos. También se utilizan con fines medicinales debido al gran poder cicatrizante que poseen.

Tussilago farfara

Es una planta herbácea vivaz, conocida comúnmente como pie o uña de caballo, entre otros nombres. Es originaria de Europa, Asia y Norte de África. Crece a plena luz en baldíos, campos de cultivo, en suelos arcillosos y con tendencia calcárea. Es apta para colonizar terrenos perturbados o contaminados por el hombre.

Sus llamativas flores perfumadas de color amarillo dorado salen en primavera, en forma de ramillete cerrado antes que la planta desarrolle las hojas que salen luego directamente del tallo rastrero subterráneo que llega a los 2 metros de largo.

Es una planta rica en mucílagos, muy usada en la medicina popular y en fitoterapia. Es astringente, estimulante, tónica, expectorante y emoliente. El nombre *Tussilago* proviene del vocablo latino *tussis*, que significa 'tos', lo que indica el uso que se ha dado a la planta desde tiempos remotos.

Flores, tallos y hojas jóvenes se utilizan crudos, al vapor o fritos, en preparaciones dulces o saladas. El pecíolo de las hojas es muy aromático, y las flores secas y asadas suelen usarse como sustituto de la sal.

Cardamine pratensis

Chenopodium album

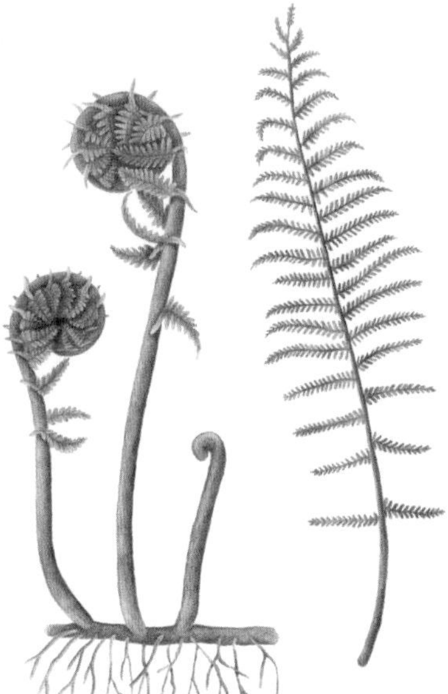

Matteuccia Struthiopteris

Cichorium intybus

Allium triquetrum

Es una planta bulbosa, aromática y perenne, originaria de las costas del Mediterráneo. Es conocida también como lágrimas de la virgen por la disposición de sus flores, que aparecen en primavera en grupos de tres o más, en una inflorescencia de tipo umbela inclinada. Su aroma se asemeja al ajo, por lo que también recibe el nombre de ajo salvaje o ajo de tres ángulos.

El nombre genérico *Allium* es muy antiguo. Este género de plantas era conocido por los griegos y los romanos; sin embargo, el término tendría origen celta y significaría 'quemar', en referencia al fuerte olor acre de la planta. *Triquetrum* significa 'con tres ángulos'.

Posee bulbos alargados, blancuzcos y hojas de forma acintada con nervaduras. Sus flores son blancas y un nervio verde divide cada pétalo. El fruto es una cápsula subglobosa que contiene de dos a tres semillas. Su hábitat natural son los bosques y las tierras húmedas cercanas a los arroyos.

Toda la planta es comestible. Posee propiedades antibacterianas y normalizadoras de la presión sanguínea. Es utilizada en cocina para perfumar y aderezar.

Tropaeolum majus

Esta planta también conocida como capuchina, mastuerzo o taco de reina, proviene de América del Sur, de la región de los Andes, y fue introducida en Europa en el siglo XVII. En la época de Luis XIV era conocida como berro de Perú.

Su nombre científico deriva del griego *tropaion* que significa 'pequeño trofeo', por la disposición de sus hojas y flores.

Florece en primavera y verano. En algunos lugares puede hacerlo mucho antes. Sus flores son llamativas, de color naranja, amarillo o carmín oscuro, en forma de trompeta, con espuelas.

Se adapta a cualquier suelo, también al cultivo en maceta. En el jardín, atrae gran cantidad de insectos, sobre todo pulgones, por eso se la planta en las huertas para proteger árboles frutales y verduras.

Rica en vitamina C, sus flores, hojas y semillas pueden ser utilizadas y consumidas crudas. Tiene un gusto picante similar al berro. Y el espolón de las flores tiene un acentuado y original sabor, a la vez dulce, salado y picante. Los botones florales y las semillas aún tiernas se preparan como pickles y pueden reemplazar a las alcaparras.

141

Chipirón

MÉDITERRANÉE

Gambas de San Remo
Frambuesas
Almendras tiernas

MÉDITERRANÉE · MONTAGNE

Tomate
Albahaca
Azafrán

JARDINS

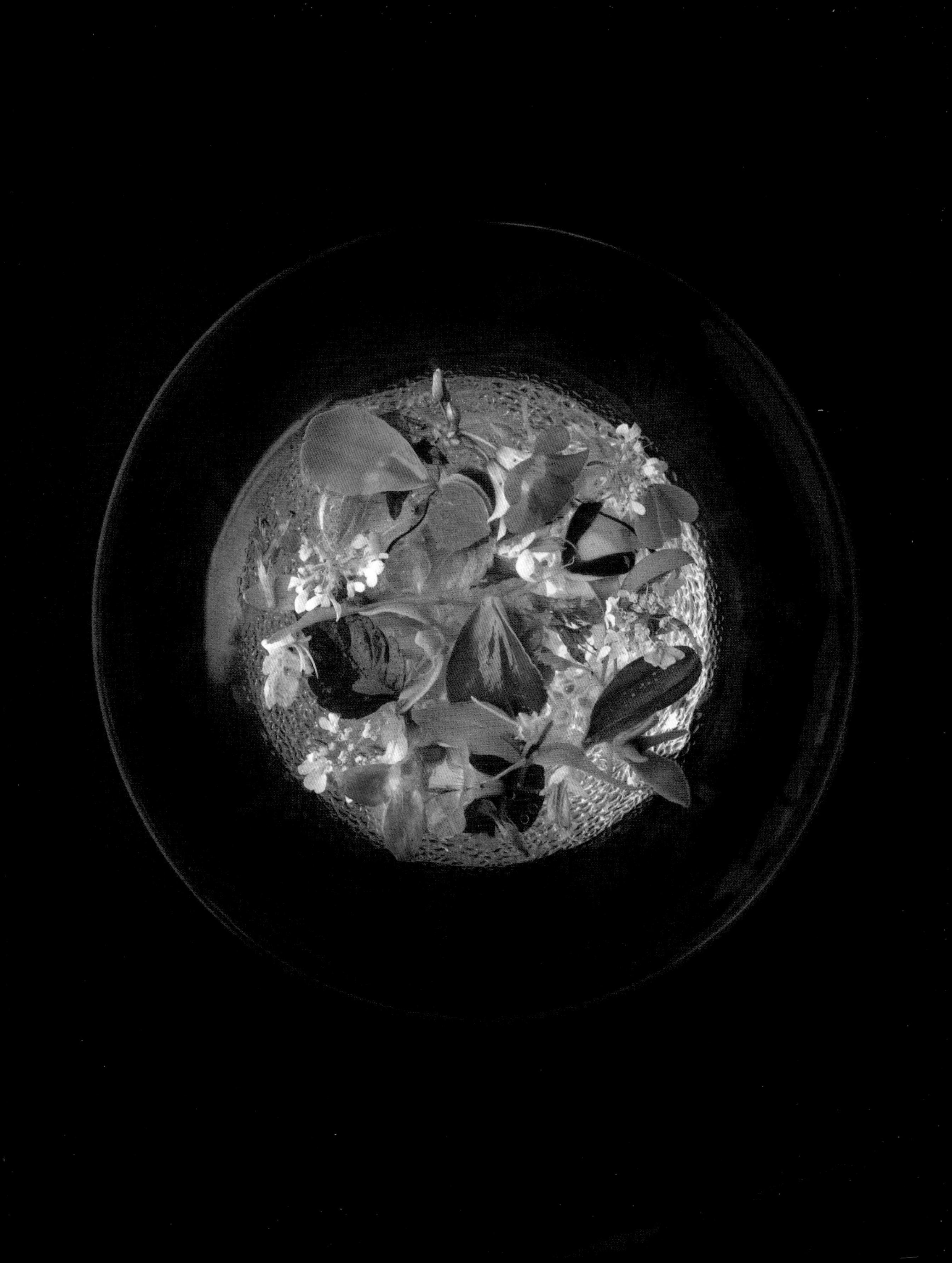

Judías
Cerezas
Pistacho

MONTAGNE · JARDINS

Percebes
Judías
Lechuga de mar

MÉDITERRANÉE · JARDINS

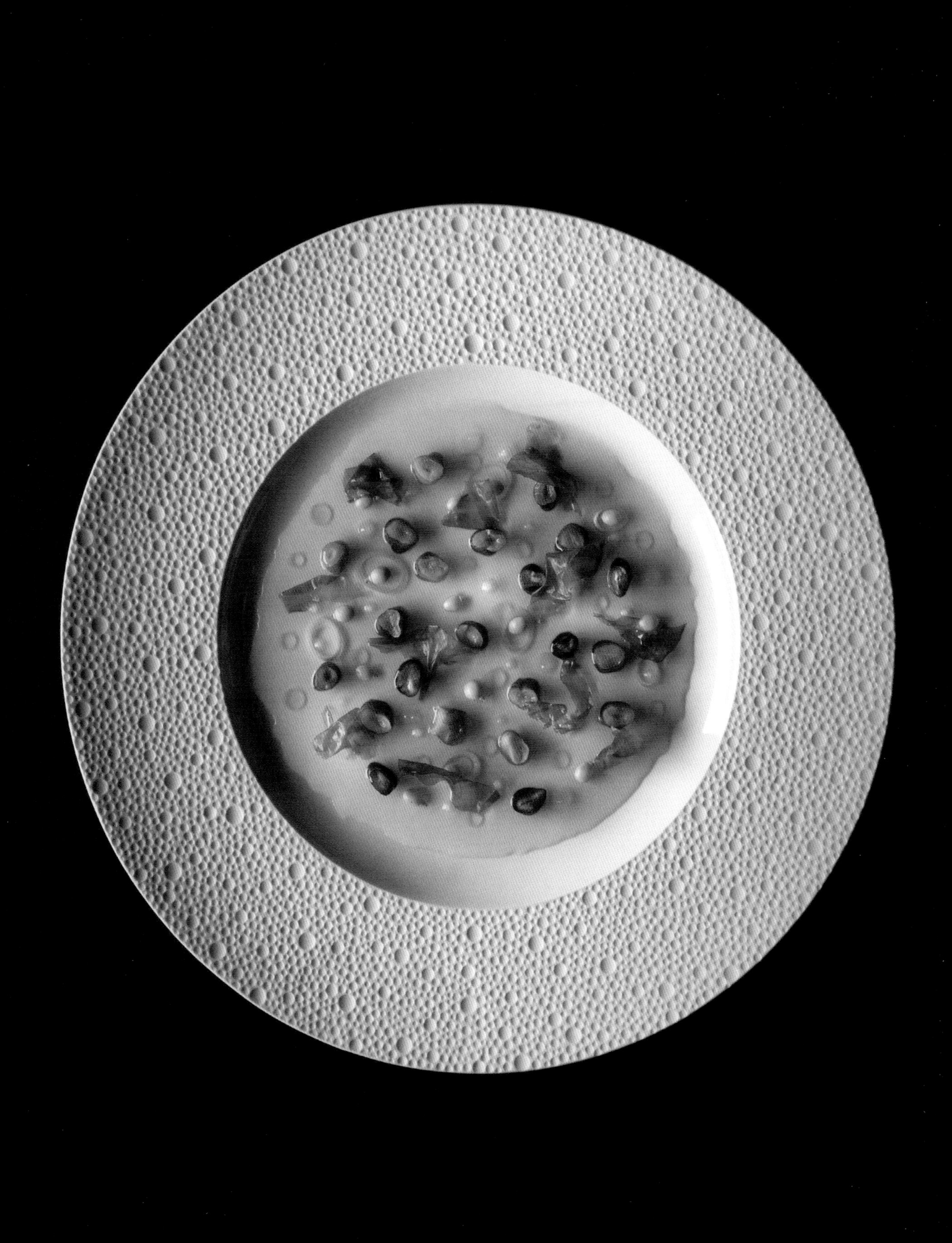

Amanita cesárea
Almendras tiernas
Brotes de shiso

MONTAGNE · JARDINS

Morillas
Papa nueva
Habas

MONTAGNE · JARDINS

Zucchini
Caracoles de mar
Albahaca

MÉDITERRANÉE · JARDINS

Chipirones
Porotos
Consomé de cerdo

MÉDITERRANÉE · MONTAGNE

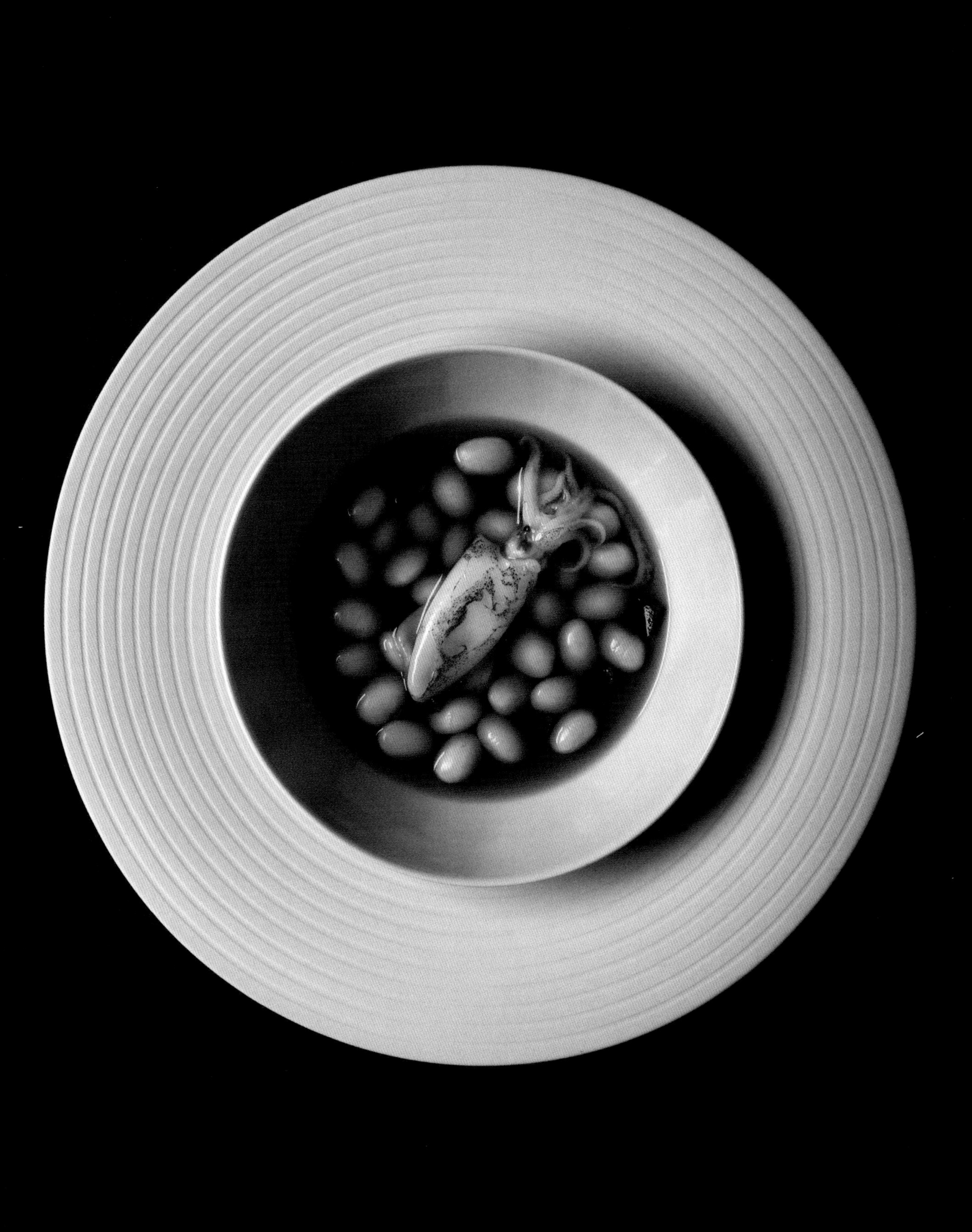

Papines
Anchoas
Alcaparras

MÉDITERRANÉE · JARDINS

Pepino de mar
Avellanas
Ajo

MÉDITERRANÉE • MONTAGNE

Rodaballo
Apionabo
Acedera

MÉDITERRANÉE · MONTAGNE

Papas andinas
Botarga
Café

MÉDITERRANÉE · JARDINS

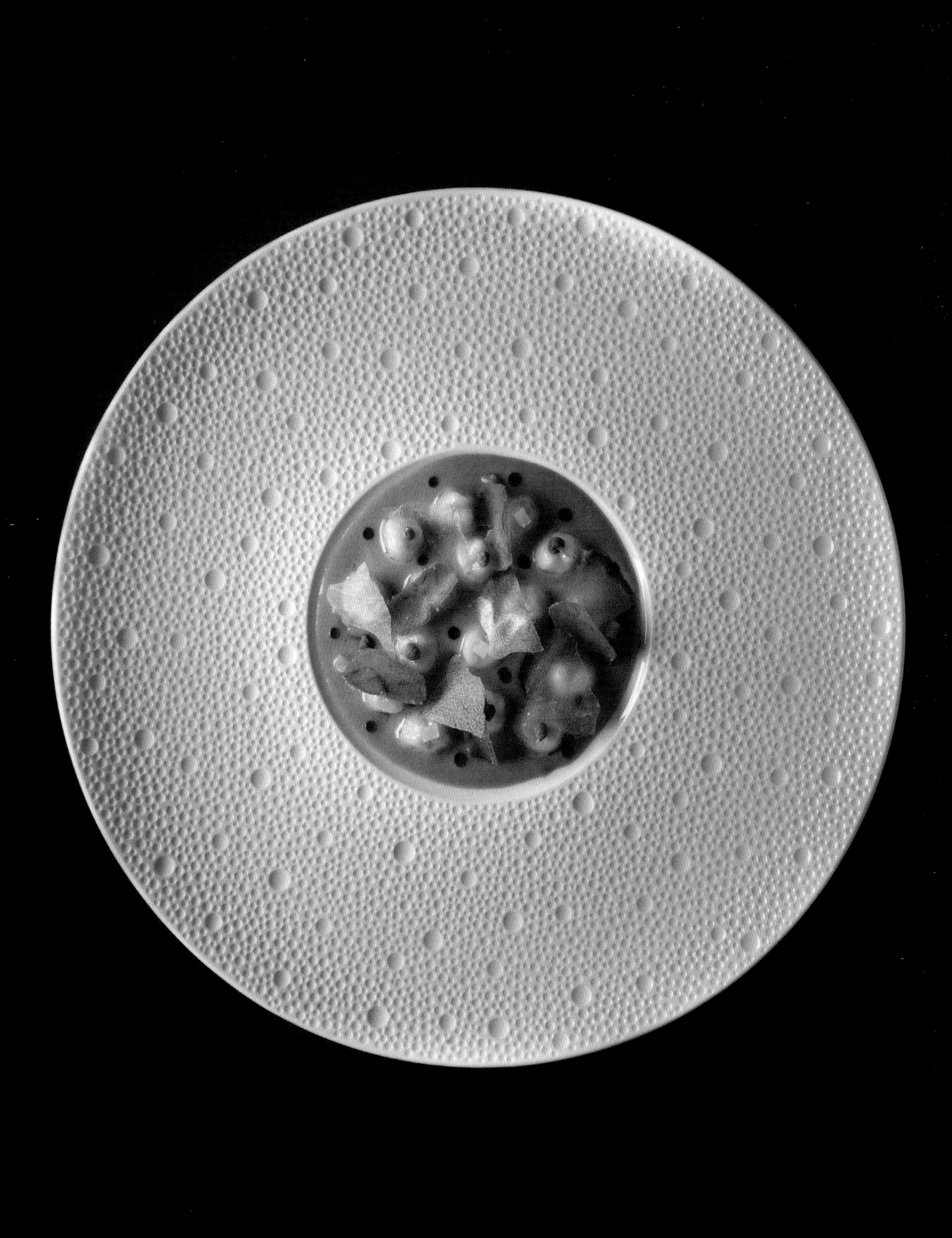

Silla de cordero
Pepino
Menta

MONTAGNE • JARDINS

Pato
Ciruelas
Hisopo

MONTAGNE · JARDINS

Ternera
Cacao
Chirivía

MONTAGNE • JARDINS

Granita de higo tuna

JARDINS

Paltita

JARDINS

Manzana verde
Cilantro
Yogur

MONTAGNE • JARDINS

Papa violeta
Café
Miel

MONTAGNE • JARDINS

Uvas

JARDINS

M O N T

A G N E

Los silencios y las voces del terruño

Lugar de contacto entre el cielo y la tierra, el simbolismo de la montaña está presente en la cosmogonía de todos los pueblos.

Centro del universo, eje primordial, pilar. Sitio sagrado que marca al mismo tiempo una separación y un puente hacia el cielo. Subir la montaña, para muchas religiones, es sinónimo de una ascensión del espíritu, de una acción que religa la dimensión física con la espiritual.

Espacio de encuentro del hombre con sus dioses, zona de privilegio para la contemplación y para propiciar un estado de unión con el entorno.

En las cimas se producen las grandes revelaciones.

En las cavernas se concentra la energía telúrica, el tiempo se detiene, el día y la noche se confunden. Es el espacio ideal para convocar a los espíritus de la naturaleza, para los ritos de renacimiento y de iniciación. Lugar de culto del hombre prehistórico y de todas las épocas.

En la frontera entre Italia y Francia, a metros de Mirazur, se encuentra un conjunto de grutas, las grutas de Grimaldi, donde fueron hallados restos de homínidos de entre 12 mil y 50 mil años de antigüedad. Aún pueden verse grafitis milenarios en sus muros. Esos acantilados calcáreos del Jurásico Superior fueron abrigo y sepultura para los primeros hombres. Allí vivieron, pescaron y cazaron. Allí, entre los amarillos, los ocres y los oxidados rojos de la piedra, dejaron sus huellas.

La montaña es un lugar de alquimias. Su presencia garantiza y custodia una fuerza ancestral, una sabiduría que viaja a través del tiempo y las culturas, un deseo milenario de conectarse con la inmortal energía de la creación. No seríamos lo que somos sin la montaña. Vivir cerca de ella es un privilegio.

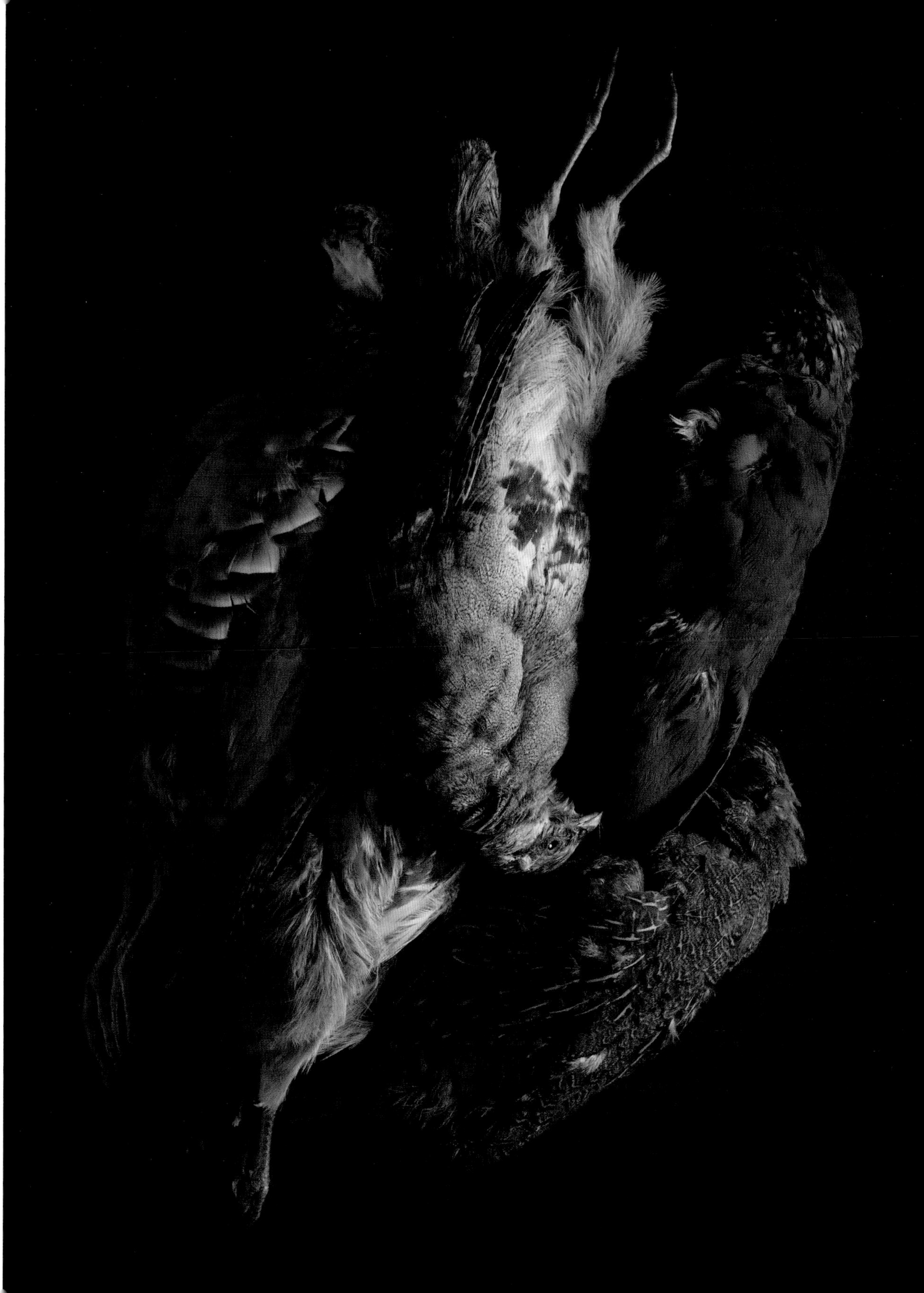

Frente al Mediterráneo, en los Alpes Marítimos, este legado se ve enriquecido con la generosidad de una tierra que encanta por la belleza de sus bosques, la proximidad del mar, la riqueza de sus suelos y sus valles, la diversidad de una vegetación y una fauna que proveen una innumerable cantidad de productos.

Aquí las montañas son un universo en sí mismo: en el corazón de su territorio moran productores y lugareños que cosechan el suelo, crían animales y viven en estado de comunión total con el paisaje.

Territorio de gastronomía, gustos y tradiciones que se desarrollaron en el tiempo y crearon sabrosas variantes que marcan el pulso y la especificidad de sus poblados. Un conocimiento que es puesto en valor a través de distintas iniciativas estatales y privadas que priorizan la producción local, los productores bio, los artesanos y las personas creativas que participan en emprendimientos originales, auténticos y de calidad.

La montaña es un territorio rico y complejo de múltiples latidos. Menton, zona de frontera, es también el lugar de nocturnas travesías de los migrantes del continente africano por caminos desconocidos y riesgosos. Solos o en grupo, en la oscuridad de la noche, intentan entrar a Francia desde Italia antes que el alba los haga visibles.

Tierra de contrastes, de múltiples relatos. Estratos del presente y del pasado que conviven en un mismo entorno azul de cielo y mar.

Anne Marie, Frédéric Curti y sus niños, Daniel y Cyril, son una verdadera familia de pastores del siglo XXI, dedicados por entero a la ganadería caprina en forma natural. Sus cabras se alimentan de las pasturas que crecen en las colinas entre los pueblos de Sospel, Castillon y Castellar, la región de los Alpes Marítimos. Unas 400 hectáreas entre los 600 y los 1200 metros sobre el nivel del mar, unidas por vegetación de altura de excelente calidad, que permite que el rebaño circule libremente.

Un proyecto en común y el amor por el trabajo cotidiano, que requiere una gran cuota de constancia, entrega y paciencia, son el eje del motor que los impulsa en su emprendimiento: la venta de carne y la producción de quesos de cabra.

Frédéric es pastor desde los años noventa, cuando tenía su propio rebaño de ovejas en un gran terreno de sus padres. Luego, debido a cambios en la tenencia de la propiedad, por el año 2000 vendió su rebaño y encontró un terreno adaptado a la cría de cabras. A partir de ese momento se dedicó a la ganadería caprina.

Al comienzo contaba con unas 100 a 150 cabras. Luego se encontró con Marie, que tenía las suyas, y se lanzaron juntos en la misma aventura. Al principio trabajaban dedicados a la venta de carne. En 2008 decidieron vivir juntos, y Marie desarrolló lo que era su sueño: la producción de quesos de leche de cabra. Compró algunas cabras lecheras a una mujer en Moulinet, que la introdujo en los conocimientos de la preparación de quesos. Entusiasmada, Marie, se acercó a distintas personas que le fueron transmitiendo sus saberes en la materia y realizó distintos cursos de formación. Desde el año 2011, se dedicó a la producción y venta de quesos de cabra. Su pasión y el orgullo de ofrecer un producto de calidad superior, auténtico y del terruño hicieron que, en cinco años de producción, sus quesos siempre obtuvieran premiación en los concursos queseros de los Alpes Marítimos.

Para fabricarlos de manera totalmente artesanal y a mano, Marie baja la leche de la montaña al pueblo de Castellar, donde tiene el laboratorio. Mezcla la leche de las razas más productivas con la de la raza de Rove, que posee características especiales: es más intensa en color, sabor y gordura. Estas cabras comen la vegetación espinosa de la montaña y ciertas bellotas que le dan al queso una finura y un sabor únicos. Así Marie obtiene un producto muy preciado, que vende en los puestos que atiende personalmente dos veces por semana, en los mercados de Menton y Castellar. Allí se la puede ver saludando a cada persona por su nombre: Marie tiene una clientela habitual asegurada. Además de los quesos en tres puntos distintos de estacionamiento: fresco, afinado y seco para rayar sobre las pastas, también ofrece terrina de cabra y salame de elaboración propia con un 70 % de carne de cabra y un 30 % de carne de cerdo.

El rebaño fue evolucionando con el tiempo: de las 150 cabras, pasaron a 200 y hoy tienen casi 400. En su mayoría, de la raza de Rove y también algunas Saanen y Alpinas, que son las más productivas a nivel lechero. Las cabras son guardadas al cubierto durante la noche para protegerlas de los lobos. A las tres de la mañana Frédéric sale a buscar el rebaño y durante el día las cabras están al aire libre, entre la pastura odorante de la montaña. Para el cuidado se turnan con Marie. El hecho de que últimamente haya gran cantidad de lobos los obliga a seguir y cuidar muy de cerca el rebaño.

Cuando se acerca el invierno y las temperaturas empiezan a descender abruptamente en la montaña, la nieve congela los pastos. Entonces, comienza el descenso. El desplazamiento ocurre en el mes de noviembre de Sospel hacia Castellar, donde está el establo para guardar el rebaño y tenerlo al abrigo en el momento donde, además, se da la mayor parte de los nacimientos. A comienzos del mes de diciembre, nacen las primeras crías; es la época del año donde el rebaño se llena de bebés, ya que una cabra puede tener 1 o 2 y, aunque muy raramente, hasta 4 cabritos.

El descenso se hace a pie, acompañando ese gran rebaño de casi 400 cabras. Una travesía entre colinas digna de ser vivenciada.

Las cabras de la familia Curti son de la raza de Rove, animales que se caracterizan por sus bellos cuernos torneados en forma de lira. Una raza rústica de la zona litoral de la Provenza perfectamente adaptada a las condiciones del lugar, que manejan, en su mayoría, pastores trashumantes. Estas cabras tienen una capacidad especial para explorar espacios difíciles, cerrados, de vegetación espinosa, donde encuentran lo esencial de su alimentación que será la base de un buen queso. Actualmente la cabra du Rove pierde ejemplares a favor de otras razas especializadas en la producción de leche. Ha llegado a estar en peligro de extinción y por ello ha sido objeto de un programa especial de preservación.

René y Sophie
Quesos de altura

René y Sophie Peglion son los dueños de la granja St. Vincent. Allí viven y desarrollan su explotación, en lo alto de la montaña, sobre la comuna de Sospel. Ocho hectáreas de praderas y olivares, donde crían y alimentan vacas, producen leche y fabrican los quesos que todos los jueves y domingos venden en el mercado de Sospel. De los olivares, entre diciembre y febrero, cosechan las olivas con las que producen, según métodos ancestrales y sin intervención de maquinarias, un aceite de primera presión en frío.

Las vacas, en su mayoría pardas alpinas, una raza bien adaptada a la región de los Alpes Marítimos, nacen y crecen pastando en la granja donde son cuidadas y tratadas con métodos naturales. Allí también se imparten cursos de formación sobre el comportamiento de las manadas y los métodos alternativos de tratamiento de enfermedades y otras problemáticas del ganado. Una formación que recibe el apoyo de la Unión Europea y que es gratuita para ciertos agricultores.

En la granja St. Vincent se prioriza la producción lechera pero, según la disponibilidad, también se vende carne de vaca o de ternera con garantía de trazabilidad y directamente del productor al consumidor, privilegiando un circuito de venta corto y una calidad irreprochable.

La elaboración de quesos, reconocidos entre los productos con certificación bio que se producen en la región, constituye la actividad esencial de la granja. Allí se fabrican los formidables quesos *tomme* (queso de montaña), según la lengua de la región). Es una variedad típica de la zona, nacida en el corazón de los Alpes, en el Ducado de Saboya. Los paisanos de la región comenzaron a elaborar la *tomme* a partir de los restos de leche cruda descremada que quedaban de la fabricación de la manteca. Numerosas recetas de montaña de la zona la cuentan entre sus ingredientes. Realizada actualmente con leche entera, rica en proteínas y calcio, la *tomme* se ha diversificado, pero sigue fabricándose según el arte y las tradiciones del lugar, de acuerdo con un riguroso protocolo y controles en cada etapa de su elaboración que aseguran su calidad y mantienen vivo un conocimiento ligado a la especificidad del territorio.

En St. Vincent la *tomme* tiene distintas presentaciones según su estacionamiento, que se realiza sobre planchas de madera, a una temperatura de entre 8 y 13 °C y por un período de entre dos y cinco meses: *tomme*, *tomme* estacionada, *tomme* suave, *tomme* al ajo y finas hierbas.

En St. Vincent también se produce el *rouchon*, un queso que se realiza inmediatamente luego del ordeñe y antes de que la leche acidifique. De aroma frutado, lleva seis semanas de estacionamiento en cava. La *brousse*, también producida en la granja, es una especie de ricota, elaborada con el suero que queda de la *tomme* y preparada en la víspera del día de mercado para que conserve su frescura.

En Mirazur se sirve la *tomme* de Sospel de la granja St. Vincent, un queso que en el restaurante se presenta como un producto del terruño. Con orgullo y placer, se ofrece un queso de excelente calidad, elaborado de principio a fin según métodos ancestrales a poca distancia de Mirazur y con el mismo aire montañés.

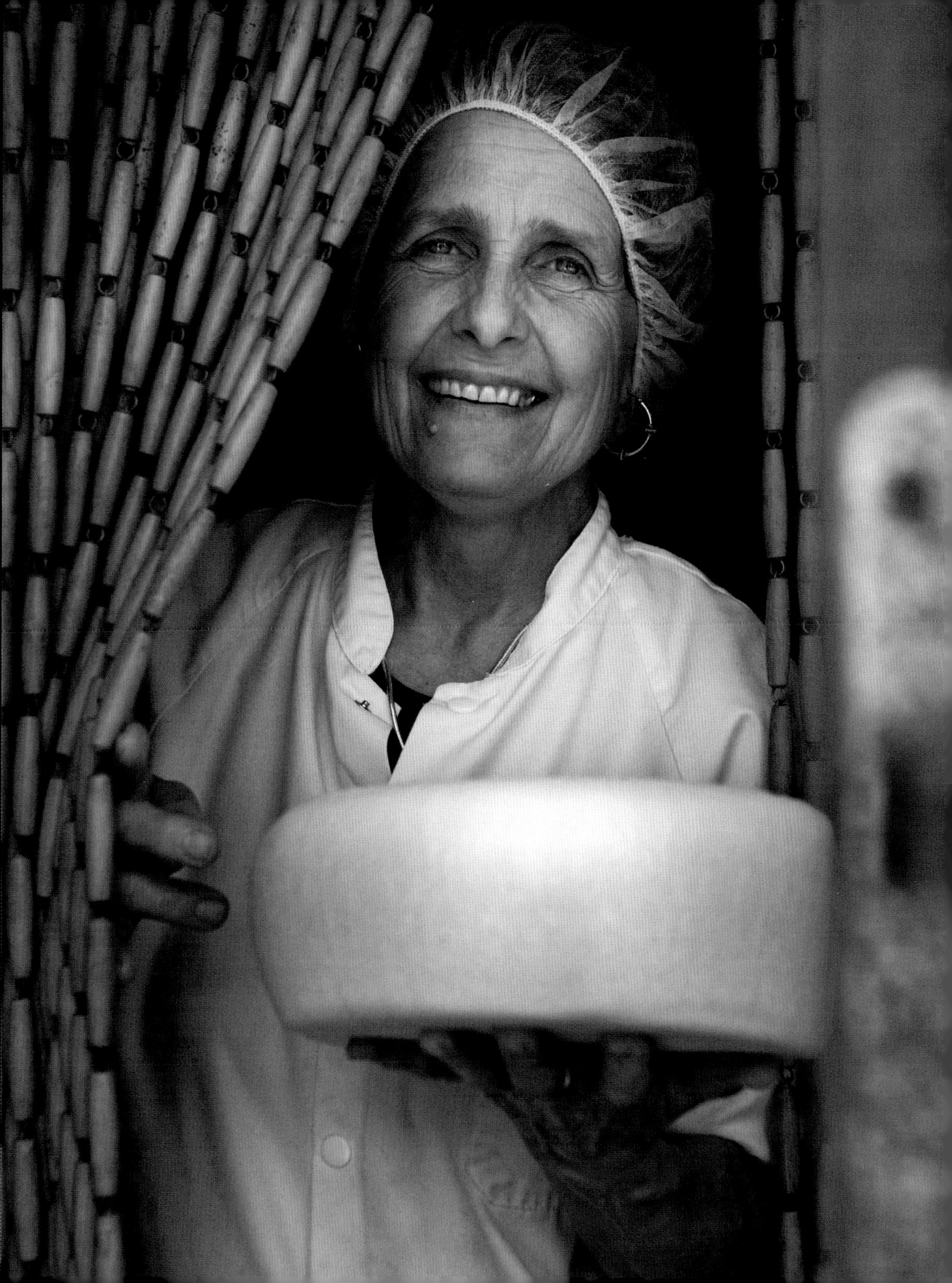

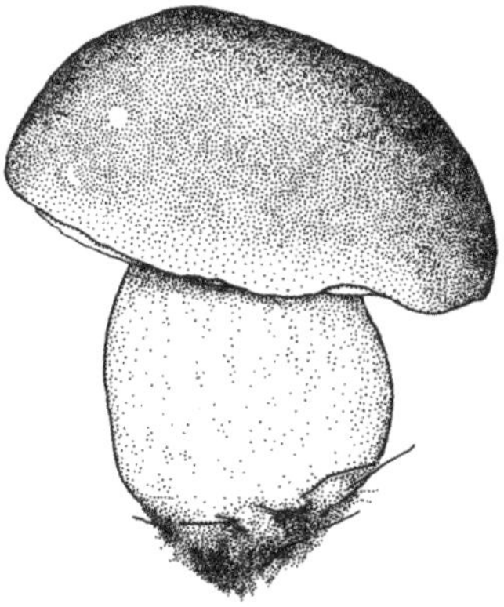
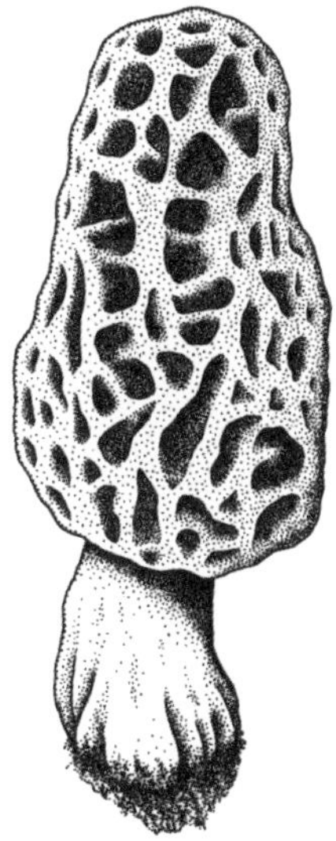
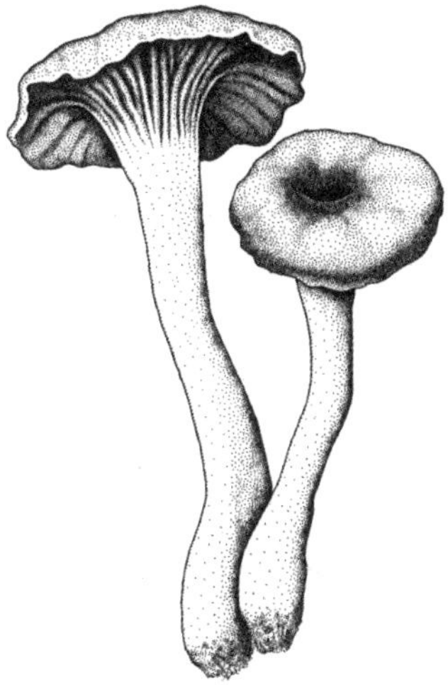
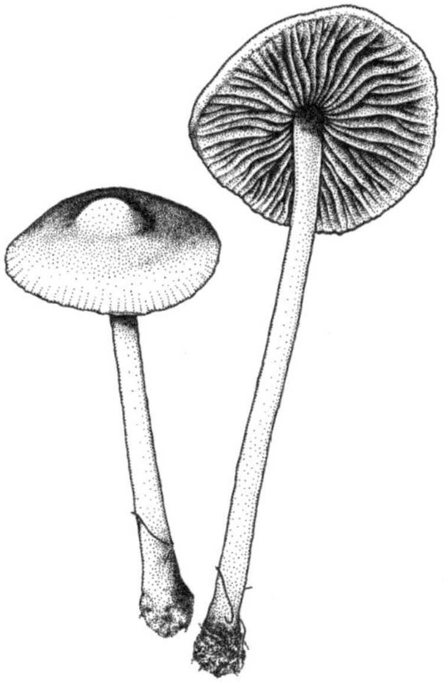

Hongos y setas

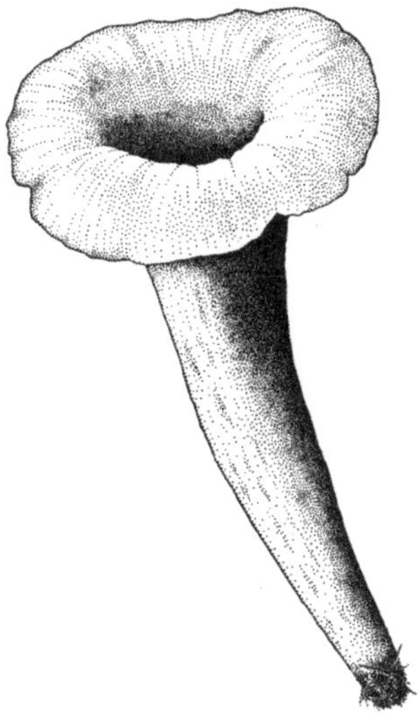

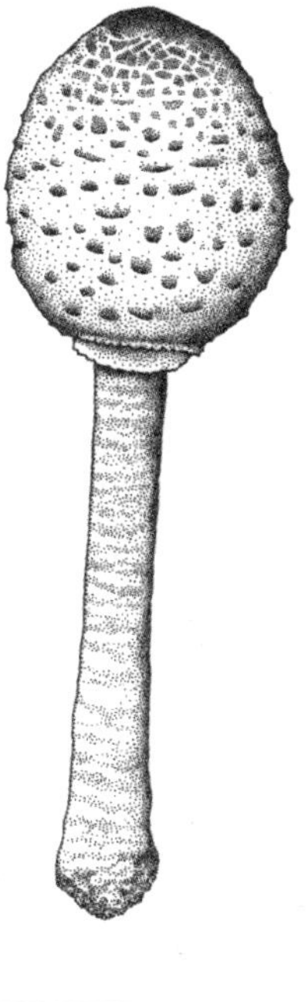
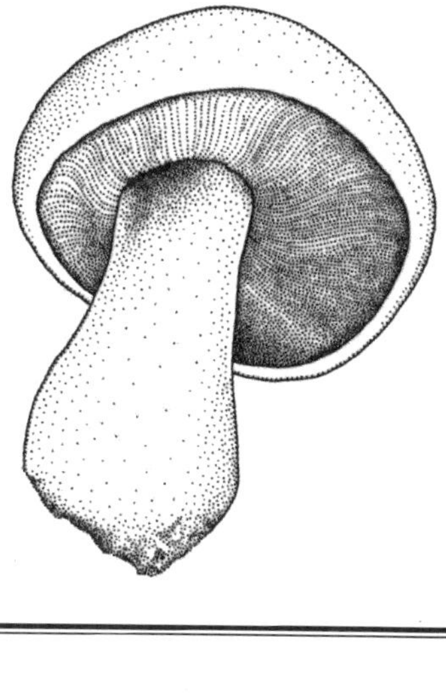

Albert
Amigo de los hongos

Moulinet es un poblado en lo alto de la montaña, a unos 30 kilómetros de Menton, en el Parque Nacional de Mercantour. El camino para llegar allí es serpenteado, con magníficas vistas de las paredes montañosas, el bosque y el río Bevera, que corre entre las piedras camino a Ventimiglia, Italia. Unos pocos kilómetros antes de llegar a este poblado, en lo alto de un peñasco que se erige sobre las gargantas del río, se impone una construcción medieval, la iglesia Nuestra Señora de la Menour, verdadera postal en el camino que anuncia la proximidad del pueblo.

Albert tiene su local allí, en Moulinet, un pueblo pequeño, tranquilo, pintoresco, con angostas callecitas que siguen las ondulaciones del terreno. El depósito lo utiliza para guardar los productos cosechados más arriba, subiendo la cuesta de la montaña, donde vive y tiene su huerta, sus frutales: peras, manzanas, ciruelas, cerezas, frambuesas y frutillas. Periódicamente, el lugar se transforma en un local de venta: dos veces por semana durante el verano y solo los sábados el resto del año. Los productos tienen su reputación y la gente del pueblo hace cola para comprarlos.

Albert nació en el sur de Alemania, en el valle del Danubio. Su historia en Moulinet se remonta unos treinta años atrás, cuando llegó por primera vez para hacer trabajos de albañilería. Entonces alquilaba un lugar con otros compañeros. Hace unos quince años compró la tierra donde vive y está instalado.

Conoció el restaurante Mirazur cuando este recién abría sus puertas, allá por 2006. Él había bajado al pueblo de Menton con una caja de morillas para vender a otro restaurante, pero ese día el chef decidió que no las compraría. El verano había pasado y la mayoría de los restaurantes del lugar estaban cerrados. Alguien le aconsejó llegarse hasta la frontera, donde había uno que acababa de abrir sus puertas. Ese sería su primer encuentro con Mauro, que gustoso aceptó la cosecha de setas. A partir de ese momento, Albert ha mantenido una relación de trabajo con el restaurante Mirazur ininterrumpida hasta el presente.

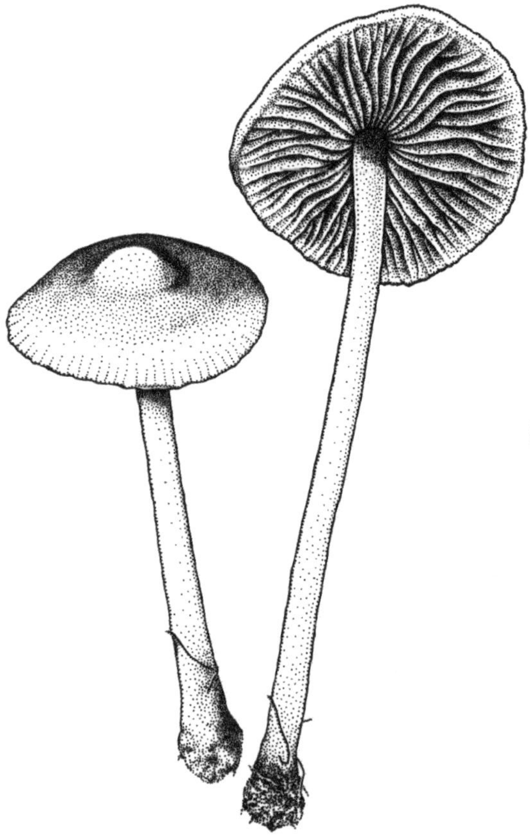

Marasmius oreades

El *Marasmius oreades* crece desde la primavera hasta el otoño en praderas y prados. Forma grandes anillos de hadas, debido al crecimiento circular de ciertas setas.

Su sombrero mide de 3 a 7 centímetros, es acampanado, elíptico, con un pequeño mamelón. La cutícula va del color avellana claro al ocre, un poco más oscura en el centro. Es higrófano, por lo que su color varía según el grado de humedad del ambiente en el que se encuentra. Posee un borde estriado y láminas blancas, gruesas, espaciadas entre sí. Su pie es fibroso y difícil de partir, de color más claro que el sombrero. Su carne es blanca, dulce, con olor a almendras, muy conocida y apreciada por su sabor agradable, que recuerda el de la harina molida.

Cantharellus cibarius

El *Cantharellus cibarius* habita todo tipo de bosques, pero tiene preferencia por los suelos ácidos. Aparece desde comienzos del verano hasta fines del otoño.

Su sombrero oscila entre los 2 y los 10 centímetros, y es de color amarillento, con el borde más delgado y formado por pliegues en lugar de láminas.

Su carne de sabor sutil, perfumada y frutada presenta grandes cualidades culinarias. Es conocido entre los recolectores como oro puro.

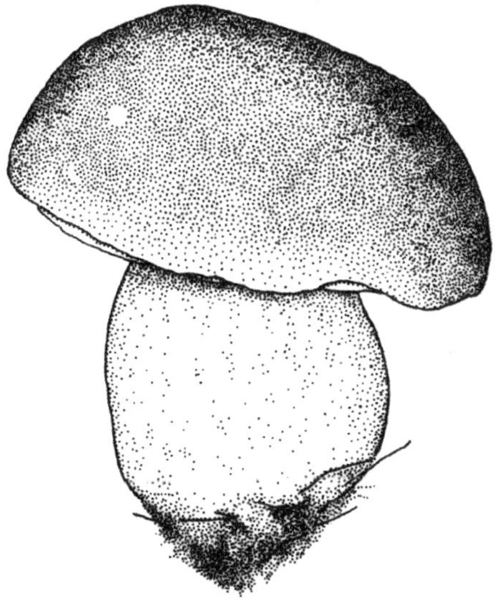

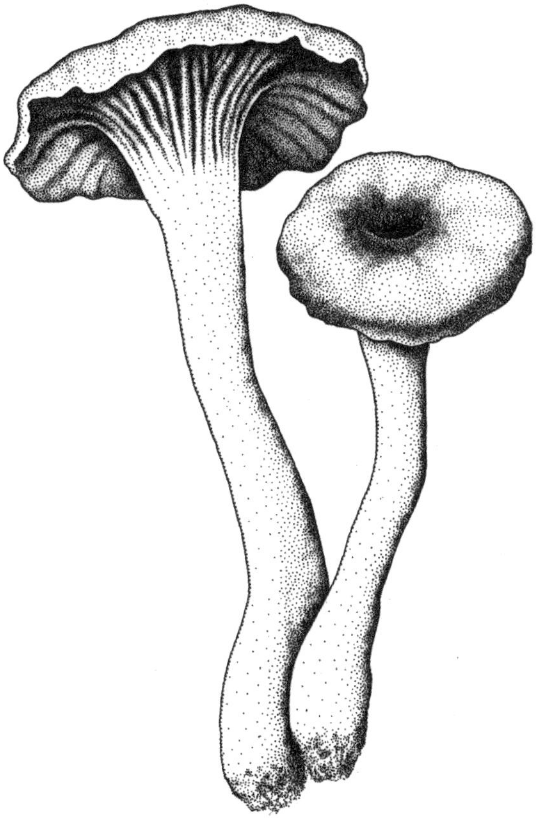

Boletus edulis

El *Boletus edulis* es común en Francia, crece en bosques de coníferas y planifolios. Es una especie muy adaptable que prefiere suelos ácidos, ligeramente húmedos y bien drenados.

Su carne es blanca y firme, un poco marrón bajo la cutícula. Las primeras capas de carne son duras, luego un poco más esponjosas. De sabor algo dulce, parecido al de las avellanas, sus embriagadores aromas en crudo se intensifican con cocciones suaves.

Cantharellus tubaeformis

El *Cantharellus tubaeformis* se encuentra en bosques de coníferas y caducifolios, hacia finales de otoño y durante el invierno.

Posee un sombrero que va de los 2 a los 5 centímetros y es plano o con forma de embudo, con un margen incurvado o lobulado. Tiene pliegues bajo el sombrero en lugar de láminas, como todos los *Cantharellus*. Es de color grisáceo amarillento y tiene un pie amarillo mate. Su carne es delgada, flexible y de un blanco amarillento, de olor y sabor agradables.

Los hongos son una pasión que Albert trae desde siempre. Fue su madre, en Alemania, que tenía el hábito de cosecharlos, quien le transmitió ese conocimiento: recorrer el bosque buscando hongos, una costumbre y un gusto que tiene desde niño.

Ahora lo hace en Moulinet. El lugar es un pequeño paraíso: existen entre 20 y 30 tipos de setas, debido a un microclima especial que permite que crezcan variedades de árboles que en otros lugares resulta imposible encontrar en un mismo terreno. El suelo también es especial: la acidez, la arcilla y los componentes minerales lo hacen único. Se forman islotes con distintos árboles y, como las setas están asociadas al suelo y la vegetación, la diversidad es enorme.

Los hongos se cosechan y se bajan para ser vendidos en el día, no se guardan en la cava, es difícil conservarlos, ya que son presa fácil de los insectos. Si bien algunas variedades pueden guardarse de cuatro a cinco días, la mayoría son muy frágiles y vulnerables. No los vende en su local, Albert los reserva para Mirazur y los que quedan son para él. Adora prepararlos, comer aquellas variedades que la gente no compra porque son poco conocidas, pero que son muy buenas y sabrosas.

Aparte de los insectos, hay otros predadores en el lugar: los jabalíes y los ciervos, sobre todo estos últimos. También el clima es un factor importante, que impacta muy directamenteen los hongos. A través de estos, podemos tener una apreciación muy aguda de los cambios en el clima en un determinado lugar.

Albert cuenta que, en los últimos diez o quince años, el cambio climático ha sido muy notable. El lugar se ha vuelto más seco, ha ido perdiendo humedad, las lluvias no son suficientes como para recargar los suelos, y eso se nota en las setas y en las trufas también. Albert asegura, con tristeza que, si el cambio sigue a este ritmo, en veinte o treinta años, una gran parte del bosque se perderá.

Recorrer el bosque es su felicidad. Conoce cada rincón, se mete por lugares escarpados de la montaña, riesgosos, prácticamente inaccesibles. Busca sus tesoros: los hongos. Sabe muy bien dónde encontrarlos, aun en épocas del año en que son escasos. Su conocimiento lo fue adquiriendo sobre el terreno, con la experiencia.

Los sabores y las variedades cambian mucho a medida que se asciende la montaña. Hasta la altura del pueblo de Sospel, camino a Moulinet, se identifica muy bien "el gusto mediterráneo" de las variedades; es un gusto particular, propio de esta zona, único. Más arriba los suelos y los árboles cambian y con ellos, los sabores de las setas.

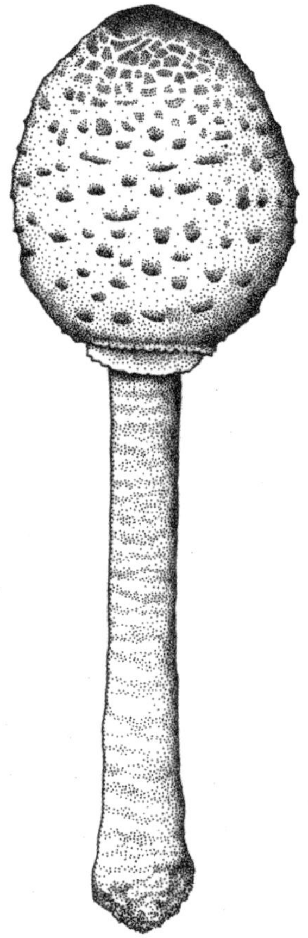

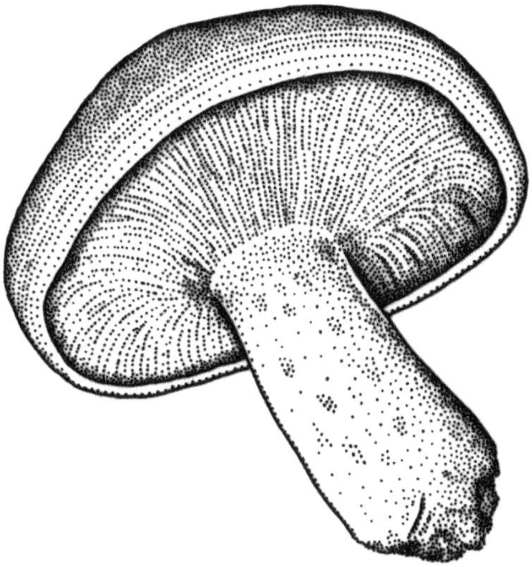

Macrolepiota procera

La *Macrolepiota procera* crece durante el verano y hasta finales del otoño en los jardines de césped, en prados, en claros de bosques o junto a los caminos.

Tiene un sombrero marrón pálido que, cuando el hongo es joven, está cerrado pero que con el tiempo se abre, hasta alcanzar un diámetro de 30 centímetros y un aspecto de sombrilla. Presenta escamas aplanadas y oscuras que irradian desde el centro hacia los bordes, y láminas libres, blancas y apretadas. Su pie es largo, fibroso, con un anillo doble cubierto de escamas, que se separa fácilmente del sombrero.

Es un excelente comestible y se utiliza, sobre todo, la carne del sombrero, que es blanquecina, algo elástica, delgada, con olor y sabor suave, que recuerda la nuez.

Lactarius deliciosus

El *Lactarius deliciosus* habita los bosques de pinos, sobre suelo calcáreo, durante los otoños tardíos. Se distingue por su cutícula anaranjada y rojiza, con bandas concéntricas verde oscuro,perceptibles al tacto.

Su carne es blanquecina con unos toques de naranja o de color zanahoria, por el látex rojo que desprende al corte. De olor agradable y sabor un poco acre, es muy apreciado por los aficionados a las setas.

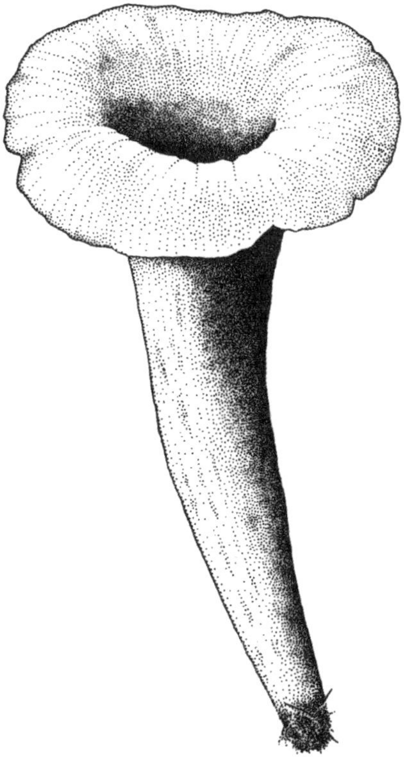

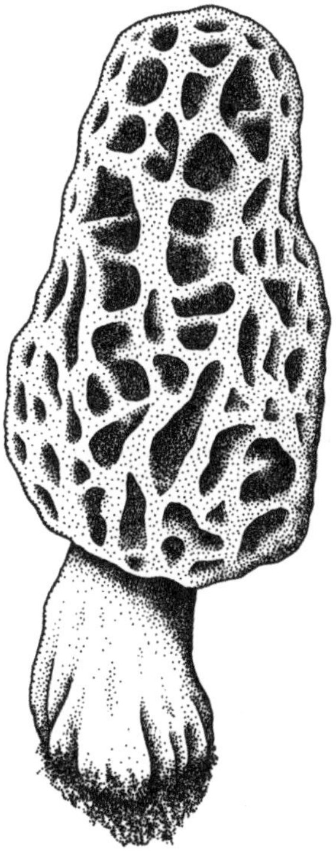

Craterellus cornucopioides

El *Craterellus cornucopioides* aparece desde el final del verano hasta entrado el otoño, en bosques de robles y hayas muy húmedos. Su nombre científico viene de la palabra *cornucopia*,que significa 'cuerno de la abundancia', por la forma tan característica que tiene esta seta.

Su sombrero, que va de los 2 a los 8 centímetros, es parecido a una trompeta de color negro, a veces con tonos azulados o violáceos. Su carne es gris negruzca, más bien elástica y de textura muy suave, con un olor y un sabor muy característicos. Es rica en proteínas, vitaminas del grupo B y minerales como cobre y zinc. Es uno de los alimentos que más zinc contiene, lo que lo hace muy a beneficioso para el sistema inmunológico.

Morchella conica

La *Morchella conica* habita bosques húmedos de caducifolios y crece en primavera.

Es una de las setas más apreciadas por los gourmets, debido a su exquisito sabor y la forma original de su sombrero, con múltiples costillas que delimitan celdillas alargadas. Mide hasta 10 centímetros de altura y es de color gris ceniza con pie blanco.

Según se dice, esta seta era tan apreciada por el papa Bonifacio VIII que llegó a promulgar un edicto de excomunión a todo aquel que la recogiese en los terrenos del Vaticano.

La actividad de Albert es producto de su enamoramiento por el bosque. Para él los hongos no son una mercancía, "si fuese por el dinero, haría otra cosa". Considera que necesita muy poco para vivir, puede autosustentarse, vive de su huerta y del intercambio que hace con otros pobladores, al ritmo de la naturaleza, al ritmo de las estaciones y de las horas del día. Donde vive no tiene electricidad. En un primer momento, no fue una elección, fue algo que se le impuso porque no podía afrontar el costo. Algo a lo que se fue acostumbrando, ahora no la necesita: con la luz del día lee un periódico parisino dos veces por semana. Con eso tiene un panorama de lo que pasa más allá de su huerta y el bosque. Es suficiente.

Además de los hongos, el bosque le ofrece bayas y frutas silvestres, castañas, nueces y hierbas.

En su huerta trabaja solo. La jornada cambia según las estaciones. En verano, el trabajo es intenso, cansador, empieza muy temprano y termina a las diez de la noche. Dos veces por semana, además, atiende el puesto de venta. En invierno hay más tiempo para estar adentro y desarrollar otros pasatiempos.

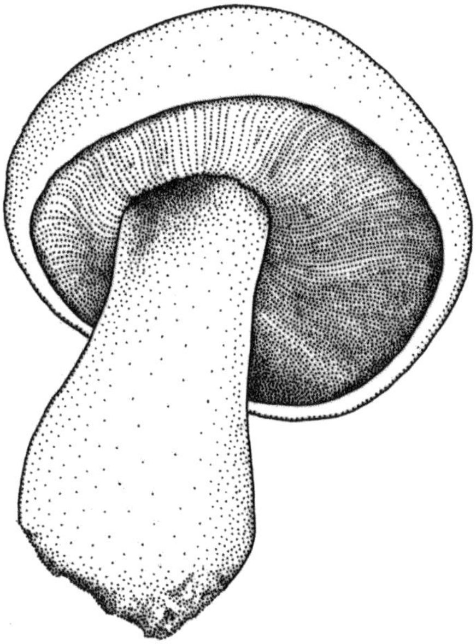

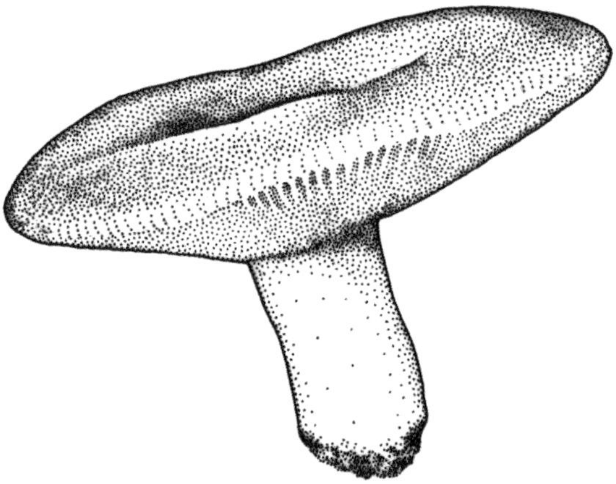

Calocybe gambosa

La Calocybe gambosa es una especie que se encuentra exclusivamente durante la primavera, en praderas de montaña y junto a brezos, endrinos o rosales silvestres, y en la zona costera, en huertas y jardines.

Es un buen comestible, muy apreciado, debido en parte a su corta época de aparición y a que es difícil encontrarlo. Su sombrero puede sobrepasar los 10 cm y posee un color crema blanquecino de tonalidad mate. Su carne es firme y compacta, blanca, con un olor fuerte, que recuerda al aroma de algunas harinas. Su sabor marcadamente harinoso lo hace muy apetecible al paladar.

Russula vesca

La Russula vesca crece en bosques de coníferas, caducifolios o mixtos. Aflora durante la primavera y se la encuentra incluso hasta el otoño.

Su color es un rosado cárneo bastante variable, y tiene esfumaciones de diversos tonos, desde pardos a oliváceos. Su pie de color blanco es de tamaño proporcionado al sombrero, mientras que su carne es espesa y quebradiza de color blanco, excepto bajo la cutícula, donde está pigmentada. Posee un aroma muy suave y un agradable sabor a frutos secos.

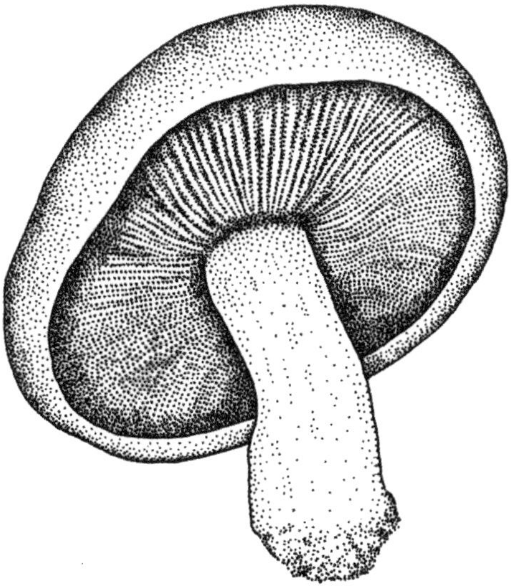

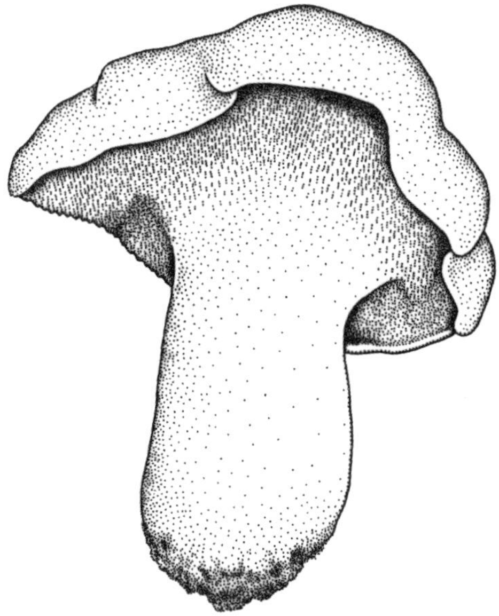

Lepista nuda

La *Lepista nuda* crece en bosques de encinas, brezos y jarillas, sobre suelos ácidos hacia finales del otoño. Su sombrero mide entre 5 y 15 centímetros y es convexo al principio y plano o deprimido al final. Tiene una cutícula de color azul violáceo; viscosa en tiempo húmedo. De láminas muy juntas, primero de color lila y en la madurez, ocre violeta. Su carne es blanca violácea. Es una excelente seta comestible de carne tierna, sabor dulce y suave con fuerte olor afrutado.

Hydnum repandum

El *Hydnum repandum* crece a finales del verano y también durante el otoño en bosques preferentemente de suelos ácidos o mixtos.

Posee un sombrero duro, carnoso, que va de los 6 a los 14 centímetros y es irregular. Cuando la seta es joven, el sombrero es convexo pero, cuando el hongo llega a su madurez, el plano del sombrero se ondula y se lobula. Tiene aspecto abollado y seco. En su juventud, es de color crema blanquecino. Luego obtiene un color entre crema amarillento y ocre pálido. Y finalmente, en su madurez, adquiere un color pardo anaranjado siempre mate. Su carne es espesa y blanca, pero cuando madura se pone pardo e incluso naranja. Cuando es joven, es sumamente comestible pero cuando se va poniendo maduro su sabor se agudiza y se va poniendo amargo y picante.

La *Tuber magnatum*, conocida en Italia con el nombre de *tartufo bianco D'Alba*, la trufa blanca, es característica de la zona cercana a esa ciudad italiana, donde se la cosecha únicamente durante un mes al año, de octubre a noviembre, y se celebra allí, como homenaje a tan exquisito alimento, la Feria de la Trufa (Fiera del Tartufo).

Se la encuentra solo de forma silvestre y hasta el día de hoy todos los intentos para llevar a cabo su cultivo han fracasado. Crece simbionte de planifolios, especialmente robles, en terrenos calcáreos con presencia de hierro. Se la recolecta empleando perros adiestrados que son capaces de detectar los ejemplares bajo tierra a gran distancia.

Su piel es lisa, irregular y aterciopelada, con una coloración ocre pálida, y en su interior presenta tonos rojizos y marrones atravesados por vetas blancas. Desde el punto de vista organoléptico, la *Tuber magnatum* presenta un aroma y un sabor intensos. Se la utiliza cruda y apenas unas láminas convierten un simple plato en una delicia. Es el signo de los menús de finales del otoño. Es muy apreciada en el ámbito de la alta gastronomía, se la denomina el diamante de la mesa.

Con un período de aparición tan corto y efímero, provoca corridas, peleas y hasta mercados nocturnos, casi secretos, para adquirirlas.

Los hongos nos hablan
de los bosques. En silencio nos
cuentan el extendido idioma
de la tierra, sus diferentes
nombres, su fecunda humedad,
el ruido de las raíces
que abren mapas en la oscura
profundidad subterránea.
Su trabajo sombrío enciende
nuestros sentidos, ilumina lo que
nuestros ojos no pueden ver.

221

Gilles
El señor de los cerezos

Cuando empieza la primavera, un puesto del mercado de Menton resalta por sobre el resto: es el de las cerezas. Se instalan allí por poco tiempo, del 15 de mayo al 15 de julio. Dos meses intensos que nadie se quiere perder.

En Mirazur, para elegir las mejores cerezas, se hace la ruta larga: se toma un antiguo camino de curvas, tierra adentro, entre montañas, muchas aún nevadas y, cuando por fin se atraviesa el valle, se llega a Gorbio, la tierra de Gilles Quaranta.

Como en un pase de magia, súbitamente el paisaje cambia de color y aparecen los cerezos en flor. Meses y meses de preparación requieren las parcelas dedicadas a esa fruta tan amada por los franceses que hasta Yves Montand la inmortalizó en una canción: "Cuando venimos a cantar el tiempo de los cerezos, el alegre ruiseñor y el mirlo burlón celebrarán...".

Gilles cría ovejas y vacas, que abonan la tierra y comen pasturas de forma natural, mientras sus enormes perros dirigen las manadas. Así prepara los cultivos. Luego, cuando madura alguna de las treinta variedades de esta fruta que crece en la zona, llega el momento decisivo. Diariamente, junto a su hermano Guy, cosecha las frutas por la tarde y, a la mañana siguiente, las lleva al mercado de Menton. Para el restaurante Mirazur, sin embargo, las cerezas se eligen directamente en el campo, en un ritual que ya lleva años.

El terreno pertenecía al padre de Gilles. Gorbio es una tierra de cerezos, allí estos árboles encuentran las condiciones climáticas ideales para desarrollarse. Es por eso que su padre se lanzó a la explotación de las cerezas y luego él continuó con el emprendimiento, al que se dedica plenamente desde el año 1989. De las casi treinta variedades que tienen, solo algunas son cosechadas para vender. Se recogen las más preciadas que, en general, son las más grandes y dulces. Como las Burlat, una variante típica francesa de sabor delicioso.

Las distintas variedades se cosechan en momentos bien precisos: entre mayo y junio las Burlat y Bigarreau; entre junio y julio se llega a tener ocho variedades simultáneamente: Corazón de Paloma; Napoleón, que es muy especial ya que aparece solo dos semanas al año; Hedelfingen; Reverchon; Summit; Rainier; Belge y, entre el 15 de junio y el 20 de julio aparece la cereza Montmorency, una guinda azucarada que es muy utilizada en pastelería.

Aparte de los cerezos, en otro sector del terreno, hay ciruelas, damascos, duraznos, cítricos, limones, repollos, brócolis, algunas legumbres y otras verduras que se van rotando según la estación y que son cosechadas y llevadas al puesto del mercado directamente, sin pasar por cámara de frío.

Pero lo esencial en la explotación familiar son las cerezas, un producto que se aprecia y se vende bien y que, cuando aparece en el mercado, pone esa nota de color, la certeza de que la primavera ya llegó a Menton.

En pleno corazón de Menton, en la esquina que dibujan dos pintorescas callecitas del barrio antiguo, se encuentra el local de una tradicional casa de aceites: la Huilerie Saint Michel. Fundada en el año 1896, en su interior se exhiben distintas variedades de aceites en llamativos frascos. Al frente del emprendimiento está Karim Djekhar, que trabajó en el local durante veinte años antes de adquirirlo.

Empresario de espíritu alquimista, amante de los olivares y con una sensibilidad extrema para apreciar las distintas posibilidades gustativas, Karim ha desarrollado toda una línea de aceites de oliva asociada a Mirazur. Elaborados con las recetas del chef, llevan la firma de Mauro Colagreco. El vínculo laboral que mantienen es estrecho, una amistad que los lleva a explorar nuevas mezclas y ampliar los horizontes.

Las notas distintivas del aceite provienen del clima y de la geografía del lugar: los olivares crecen en altura y reciben ese sol tardío de la región, que hace madurar los frutos y les da un gusto excepcional en relación con otros olivos.

En el paisaje mediterráneo el olivo es un emblema, está presente hace miles de años y el aceite de oliva es un producto que marca toda la gastronomía de la zona. Se dice que "donde el olivo renuncia, termina el Mediterráneo".

La variedad de olivo típica de los Alpes Marítimos, es la Cailletier. De fruto pequeño a mediano y forma ovoide, es una de las más apreciadas en toda Francia por su sabor frutado de gran fineza. Otra, muy valorada en la región, es la elegida por Karim: la Aglandau, que representa la variedad provenzal más interesante en propiedades, rendimiento y conservación. Combina un sabor pronunciado y una acidez muy baja, que la hace ideal para la maceración.

El aceite se extrae en frío y se lo deja decantar de manera natural. Las olivas se cosechan manualmente. Los árboles no se fertilizan ni se tratan con pesticidas. El procedimiento de extracción del aceite se hace a unos pocos kilómetros de Menton, en el bellísimo pueblo de Castellar, en un histórico molino considerado un real testigo de la identidad mediterránea.

Entre Grasse y Menton hay unos 16 molinos privados, cooperativos o comunales. El molino de Castellar es de los más antiguos y conserva el modo de fabricación mecánica. Para el pueblo es una atracción turística especial: en su interior funciona un museo con antiguos objetos e información que permiten hacer un viaje en el tiempo a los visitantes.

Lo que Karim más disfruta de su actividad es el cariz humano. Los vínculos que se tejen desde la concepción de un producto hasta su comercialización. La relación con los productores, con la tierra, con esos magníficos árboles, los olivos, y la satisfacción de trabajar con un producto que es apreciado mundialmente por lo exquisito de su sabor y los beneficios de su consumo. Pero, sobre todo, porque "es un producto que termina en el plato" y él sabe apreciar la buena cocina. Está orgulloso de que en la mesa de Mirazur se reciba al comensal con el emblemático pan para compartir acompañado del aceite de oliva con limón de Menton y jengibre.

Para llegar a la fórmula primigenia, Karim y Mauro trabajaron durante seis intensos meses. Luego, incorporaron los otros sabores a partir de pruebas realizadas según distintas maceraciones con técnicas que manejaban los antiguos perfumistas de Grasse, en el siglo XVII. Al aceite de oliva base se sumaron la pimienta de Sichuan, la pimienta rosa, el yuzu y los cítricos de la región, que le dan esa nota frutada y delicada propia de la cocina de Mirazur.

Karim vive en Menton con su mujer, sus hijos y parte de su familia, que también participa en el negocio. Emprendedor innato, la pequeña aceitera mentonesa hoy vende sus productos al exterior: EE.UU., China, Europa.

Nació en Argelia y llegó a Francia a la edad de cinco años. Su ciudad natal se llama Zitouna, en español es aceituna. Por eso asegura que desde su cuna estaba predestinado a dedicarse a las olivas.

Esqueleto de anchoa
Citrón confitado
Alcaparra

MÉDITERRANÉE · JARDINS

Ostra
Pera
Berro salvaje

MÉDITERRANÉE · JARDINS · MONTAGNE

Remolacha
Anguila ahumada
Vinagre de Jerez

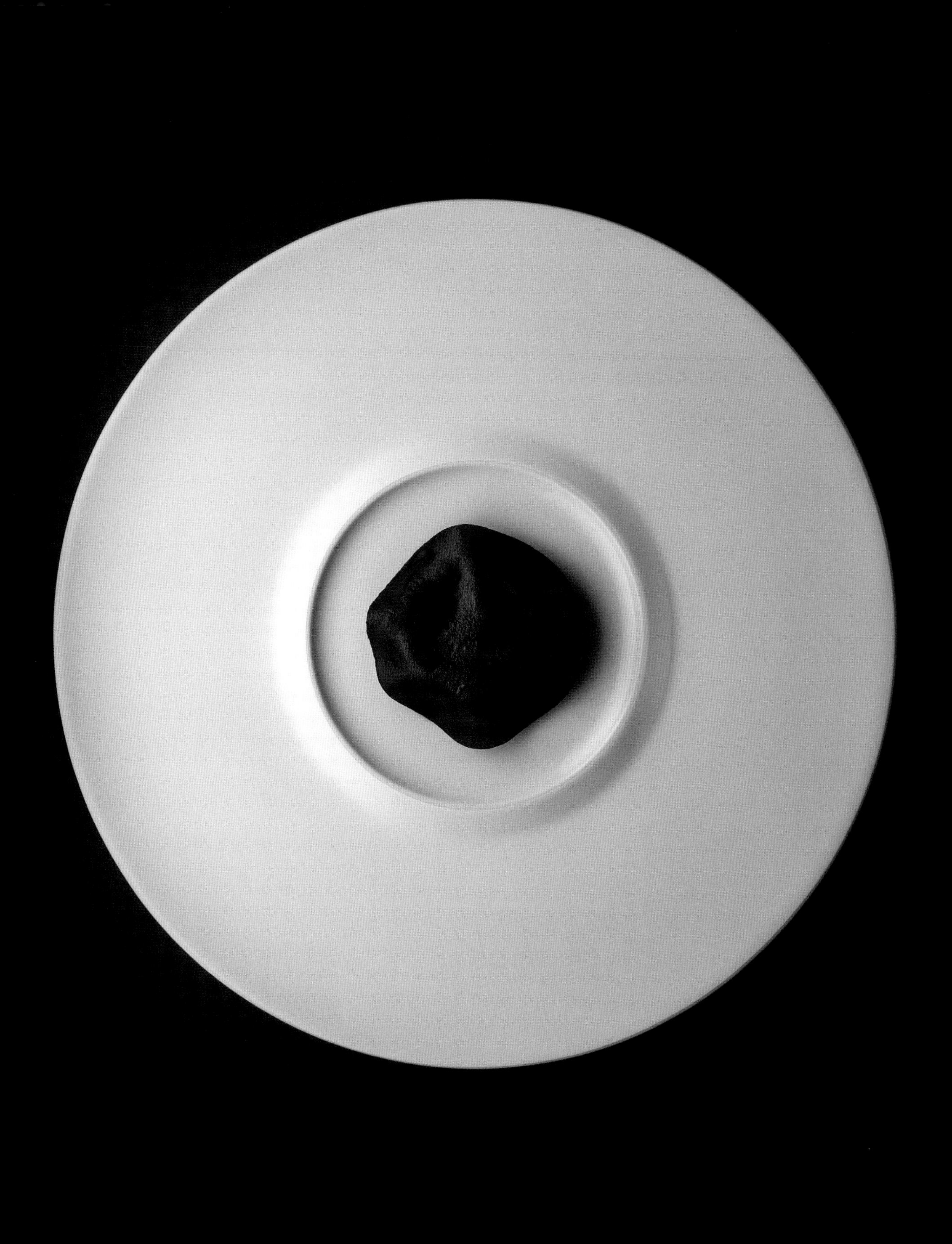

Erizo
Amaranto
Botarga

MÉDITERRANÉE · MONTAGNE

Buey de mar
Patisson
Cebollas frescas

MÉDITERRANÉE · JARDINS

Zapallo espagueti
Café
Oxalis

JARDINS

Maíces
Trufa blanca
Oxalis morada

MONTAGNE · JARDINS

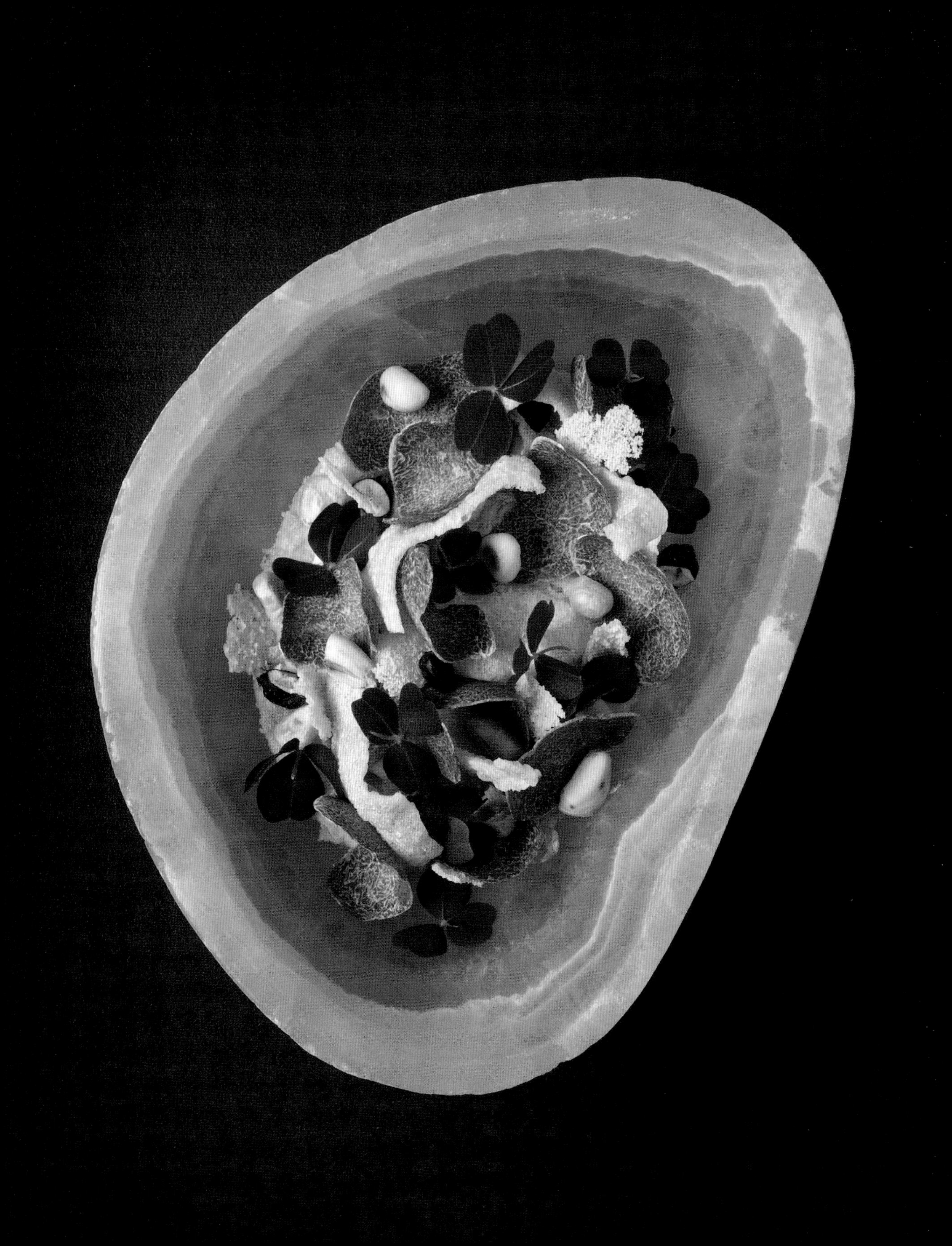

Tortellini
Almendras
Caldo ahumado

MONTAGNE

Raíces de invierno
Grana Padano
Melanosporum

MONTAGNE • JARDINS

Calamar
Alcaucil
Pimpinela

MÉDITERRANÉE • JARDINS

Porotos
Trufa blanca
Manteca de montaña

MONTAGNE · JARDINS

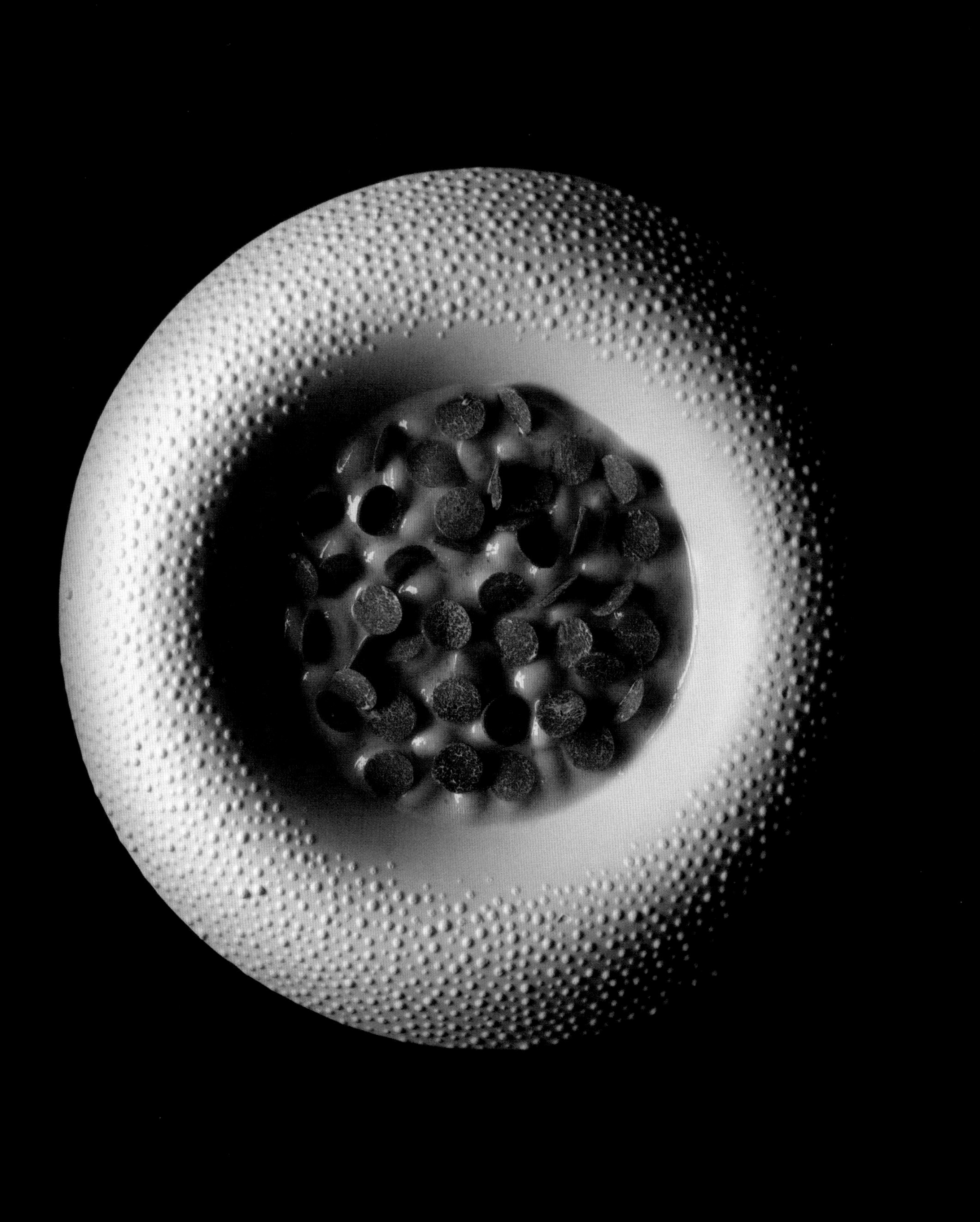

Foresta

MONTAGNE

Lenguado
Topinambur
Trufa negra

MÉDITERRANÉE · JARDINS · MONTAGNE

Mero
Romero
Salsifí

MÉDITERRANÉE · JARDINS

Pato Colvert
Remolacha
Hibiscus

MONTAGNE • JARDINS

Liebre a la royale

MONTAGNE · JARDINS

Granita de membrillo

MONTAGNE

Chirivía
Café
Pistachos

JARDINS

Calabaza
Bayas de espinillo
Trigo sarraceno

MONTAGNE • JARDINS

Caqui
Armañac
Nueces tiernas

MONTAGNE · JARDINS

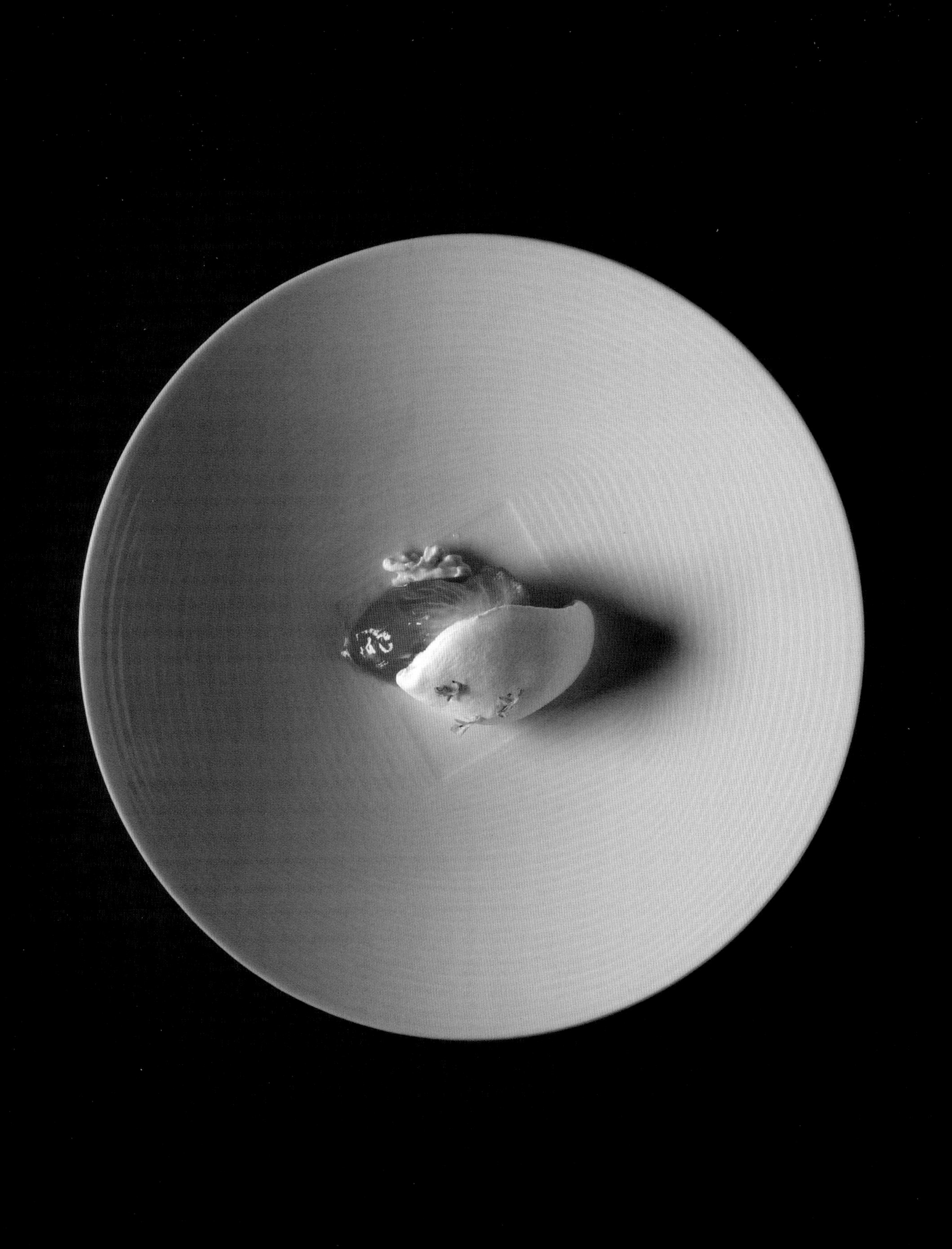

Naranjo en flor

MONTAGNE · JARDINS

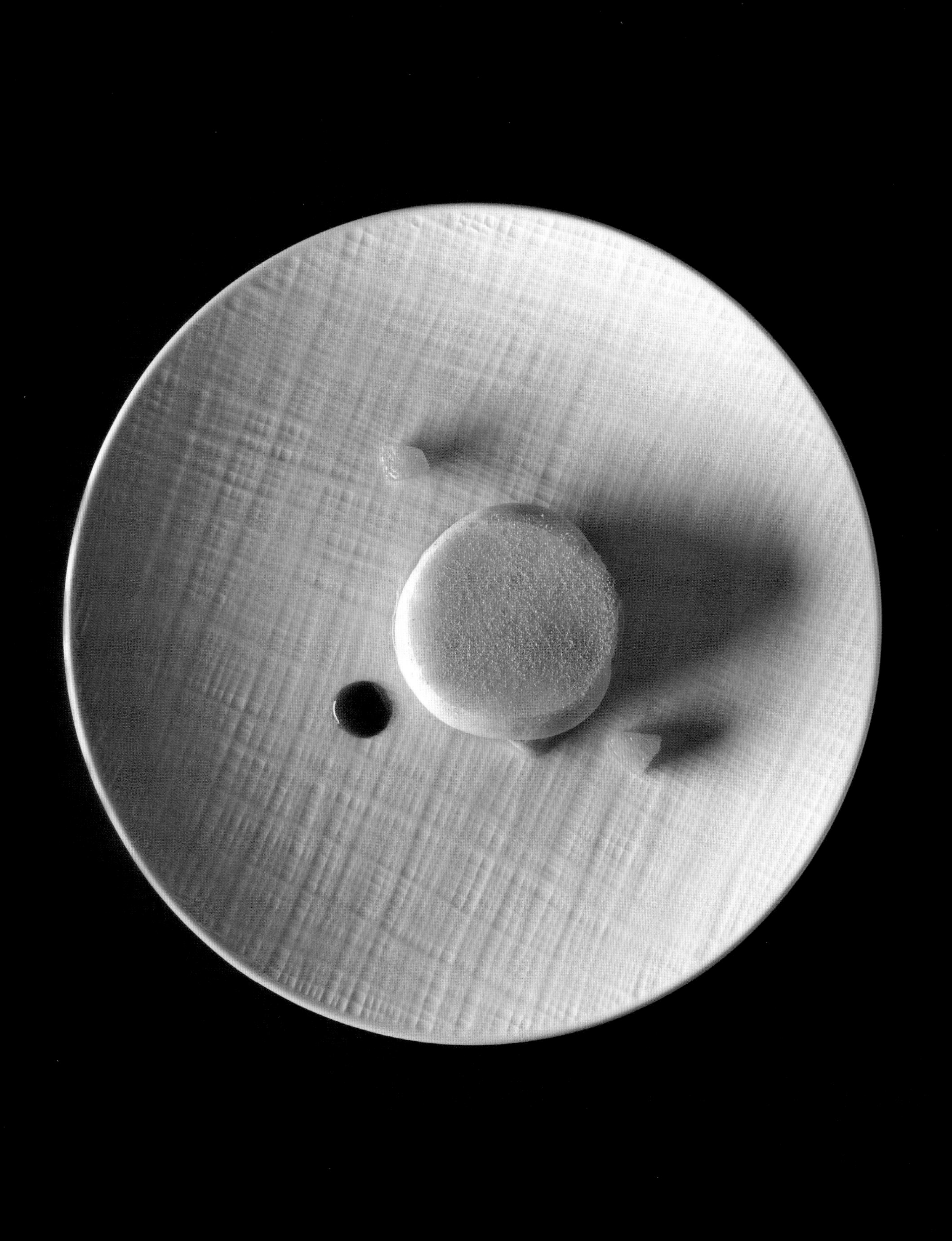

Chocolate del Perú
Champiñones
Leche

MONTAGNE

O S

Cosmopolitas, jóvenes, llenos de energía, entusiasmo y amor por el trabajo que eligieron, los miembros del equipo, alrededor de cuarenta, vienen de distintos puntos del planeta: varios de Latinoamérica, de Europa, de Asia, del norte de África. Algunos vienen a pasar breves estadías que terminan alargándose. Otros llegan con la intención de hacer carrera. Todos vienen por el desafío de probarse en un lugar de alta exigencia y excelencia gastronómica.

Mirazur es una gran escuela, que se nutre de las culturas que se ponen en juego al trabajar, en la convivencia. Por eso muchos hablan de la intensidad y la riqueza de la "experiencia Mirazur", de la infinidad de cosas aprendidas, de las formas de trabajo, de las dificultades atravesadas para tratar de entender o hacerse entender en otra lengua, de las amistades que se tejen y que perduran en el tiempo.

Escuela en la escucha del otro, en la tolerancia, en el amor por la diversidad, Mirazur es mucho más que una experiencia laboral gastronómica, es una experiencia integral.

Quienes han transcurrido más de tres temporadas reconocen las diferentes etapas de la experiencia: al principio se construye la confianza, un momento de adaptación y de mucha presión que a no todos les gusta y no todos superan. Los que se quedan un segundo año ya han ganado cierta seguridad y allí comienza una etapa de más responsabilidades: cambios de puestos, nuevas tareas, una mayor intimidad. En el tercer año todo se intensifica, la responsabilidad es aún más grande, se delegan tareas y se abren nuevas puertas, se visitan otros destinos para preparar comidas especiales o se inician nuevos proyectos. Se atraviesan miedos, incertidumbres, y la capacidad de trabajo de todos y cada uno se pondrá a prueba y se templará en el más abrasador de los fuegos.

Trabajar en el restaurante es, para la mayoría, vivir allí, lejos de sus lugares de origen, y compartir gran parte del día entre colegas. La vida diaria, con todos sus ingredientes, transcurre al ritmo de la vida del restaurante. Trabajar en Mirazur es acompasar esos dos corazones.

se levante contra ti

icio, y el que se levante c

En Mirazur el menú contiene una potencia, un infinito que se nutre de múltiples cruces y exploraciones.

A la experiencia profesional se le suma el aporte sorpresivo y espontáneo de la naturaleza. Esa variable no controlable que activa nuevas experimentaciones y que hace que cada plato se transforme en un complejo espejo del entorno. Alguien anuncia que ha llegado pescado fresco por la mañana; otro dice que encontró tal hierba o que nuevas flores nacieron en el jardín; el que bajó al mercado trae algo nuevo que lo sorprendió o le recomendó un productor. Es el gran momento creativo de la cocina, el que justifica todos los sacrificios. Todo puede pasar: algo que se quiera probar, una nueva combinación, una nueva receta.

Muchas cosas se deciden a partir de la inspiración que proporciona ese momento tan especial que es la preparación del menú. El espacio se abre, la intuición aflora. Es un momento de gran presión y adrenalina, que muchos reconocen como absolutamente motivador por ese margen de incertidumbre que permite que lo nuevo aparezca.

Es esa "incertidumbre positiva" de la que, en el equipo, muchos hablan y reconocen como el combustible necesario para activar el motor de cada día.

Aventura física, cuerpos permeables a los flujos del lugar, a todas las combinaciones posibles: cocinar con el paisaje es un entrenamiento que desafía la creatividad, la sensibilidad, la capacidad de escucha y la revisión de lo propio y lo ajeno.

Los sabrosos frutos de Mirazur, maduran bajo el intenso sol del trabajo cotidiano. Todo lo exquisito y refinado que se aprecia en el lugar se origina en el esfuerzo y aprendizaje permanente, en el deseo de superación, en la extrema rigurosidad y profesionalidad aplicadas a cada una de las labores y los procedimientos que marcan el ritmo de las jornadas en el restaurante.

Un día en Mirazur es largo e intenso. Comienza a las ocho de la mañana con el análisis de las reservas. La biblioteca de Mirazur cuenta con una memoria escrita donde se archiva y se clasifica la información por mes y año o por cliente, en el caso de los más asiduos. Allí quedan reflejados de manera exhaustiva los platos pedidos y preparados en cada servicio, así como detalles específicos a tener en cuenta respecto de cada cliente que haya visitado el restaurante. Este historial de platos es un material único y propio de Mirazur, (quienes allí trabajan cuentan que no han visto cosa similar en ningún otro lugar); es lo que permite asegurar la posibilidad de ofrecer siempre nuevos platos. Es por eso que aun si el comensal concurre dos veces en el mismo día, al mediodía y a la noche, nunca se le ofrecerá el mismo menú.

A las once y media, la brigada se reúne en el piso más bajo de los tres que tiene Mirazur, con vista panorámica hacia el mar y los jardines. Allí comparten un menú completo elaborado por ellos mismos y diseñado previamente para cada día de la semana por encargados que se van turnando. Luego se hace un briefing en el pase con el chef de relevo y se analiza cada cliente y su historial de comidas en el restaurante, contemplando siempre si existe alguna restricción alimentaria.

A las doce del mediodía se abren las puertas y se atiende hasta las cuatro de la tarde. Todo el equipo está en estado de máxima concentración: no hay margen para las distracciones.

El servicio es una exacta coreografía que se renueva a cada momento, todos los días. Cuando se va el último cliente, se sacan las fichas de las reservas de la noche y todo vuelve a empezar. La disciplina y el esfuerzo son los pilares de este trabajo: cada minuto es precioso, siempre hay otra cosa para hacer. Es un trabajo creativo y que requiere de un gran esfuerzo físico, enorme. Hay que estar muchas horas parado, manipular objetos con precisión y concentración extremas, hacerlo entre mucha gente, entre fuegos y vapores, con las altas temperaturas de la cocina, dando lo mejor, para que cada plato y cada elemento que lo compone pase con éxito el minucioso examen realizado bajo la lupa antes de salir de la cocina. Luego comienza el otro viaje hasta la mesa del comensal: con el arte y el oficio de las personas que trabajan en sala.

Disciplina, honestidad, profesionalismo y rigurosidad. Los frutos del esfuerzo están en la satisfacción del trabajo bien hecho, en el reconocimiento de cada cliente que, desde los más diversos lugares, llega a Mirazur para degustar las sorpresas de un menú concebido de principio a fin para él. Un menú capaz de reinventarse en un sinfin de versiones porque se inspira y lleva en sí las huellas de lo que está vivo y en permanente transformación.

Sinfín

Agradezco profundamente a todos los que hicieron posible este libro. Fue un trabajo en el que invertimos tiempo, energía y mucho amor.

Agradezco a nuestros productores y amigos, que ceden sus preciados productos porque sin su ayuda incondicional Mirazur no podría existir.

Agradezco a nuestros clientes por la confianza que nos otorgan y porque gracias a ellos Mirazur abre cada día.

Agradezco a todos mis antiguos colaboradores, que han dejado su huella marcada y sin los cuales el restaurante no sería lo que es hoy.

Agradezco a quienes día a día y codo a codo trabajan junto a mí por el esfuerzo en este libro, particularmente a Antonio Buono, Paulo Corsi, Florencia Montes, Davide Garavaglia, Sebastian Fontes y a mis hermanas Laura y Carolina.

Por último, agradezco a mi familia. Yo no me habría dedicado a la cocina si ellos no me hubieran inculcado el amor por la buena comida y la voluntad de hacer las cosas cada día mejor.

Gracias por el sacrificio, la pasión y el amor a todas estas personas.

MIRAZUR
Mauro Colagreco

1.ª edición

Catapulta

Avenida Donado 4694 - C1430DTP
Buenos Aires, Argentina
info@catapulta.net
www.catapulta.net

EDICIÓN
Victoria Blanco

DIRECCIÓN DE ARTE Y DISEÑO
Tomás Ruiz y Santiago Goria
www.thisistender.com

FOTOGRAFÍA
Eduardo Torres
Florencia Reca, asistencia de fotografía
Joaquín Torres, edición de archivos

ILUSTRACIONES
Paula Marcantoni

TEXTOS
Laura Colagreco

COORDINACIÓN
Raquel Rosemberg

CORRECCIÓN
Florencia Carrizo

PRODUCCIÓN GRÁFICA
Verónica Álvarez Pesce y Mariana Voglino

PRODUCCIÓN GASTRONÓMICA
Antonio Buono y Paulo Corsi

Impreso en China en enero de 2020
ISBN 978-987-637-833-8

Colagreco, Mauro
Mirazur / Mauro Colagreco. - 1a ed. - Ciudad Autónoma de Buenos Aires : Catapulta, 2020.
304 p. ; 19.6 x 23.6 cm.

ISBN 978-987-637-833-8

1. Libro de Cocina. 2. Cocina. 3. Libro de Recetas. I. Título.
CDD 641.5627

Fue realizado el depósito que determina la ley Nº 11.723.

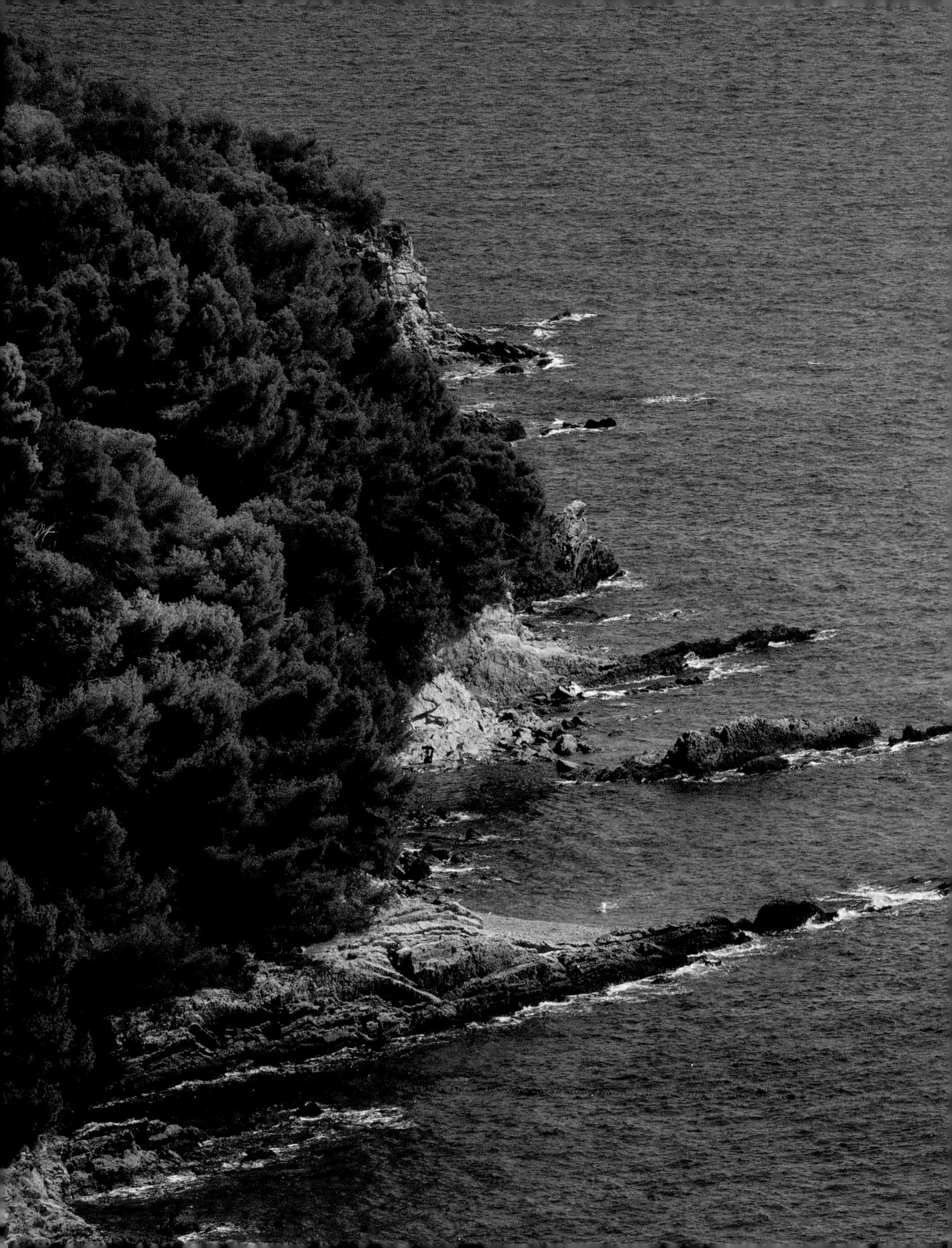